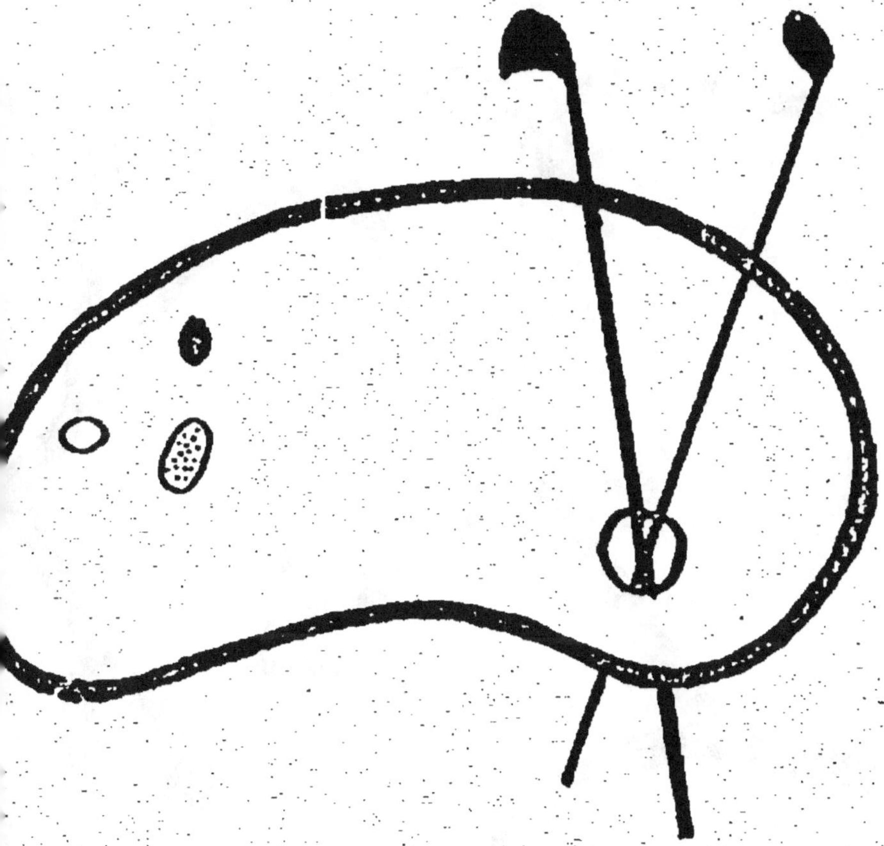

DEBUT D'UNE SERIE DE DOCUMENTS
EN COULEUR

Couverture inférieure manquante

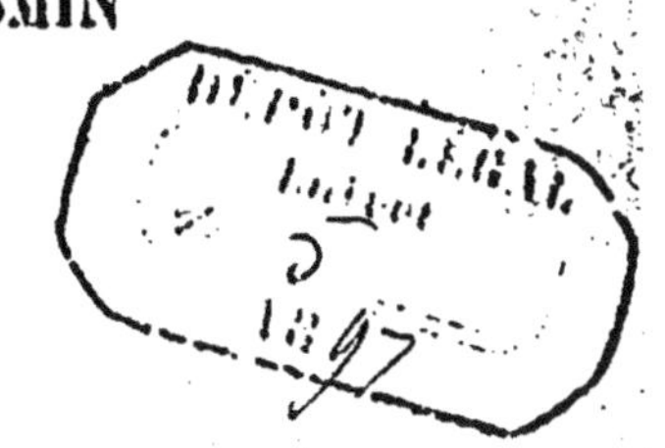

FÊTE

DE LA

CINQUANTAINE

ET

DOUZIÈME RÉUNION TRIENNALE

DES ANCIENS

PRÉSIDÉES PAR

S. G. Mᵍʳ L'ÉVÊQUE D'ORLÉANS

Le 26 Juillet 1896

ORLÉANS
IMPRIMERIE PAUL PIGELET
8, RUE SAINT-ÉTIENNE, 8

1896

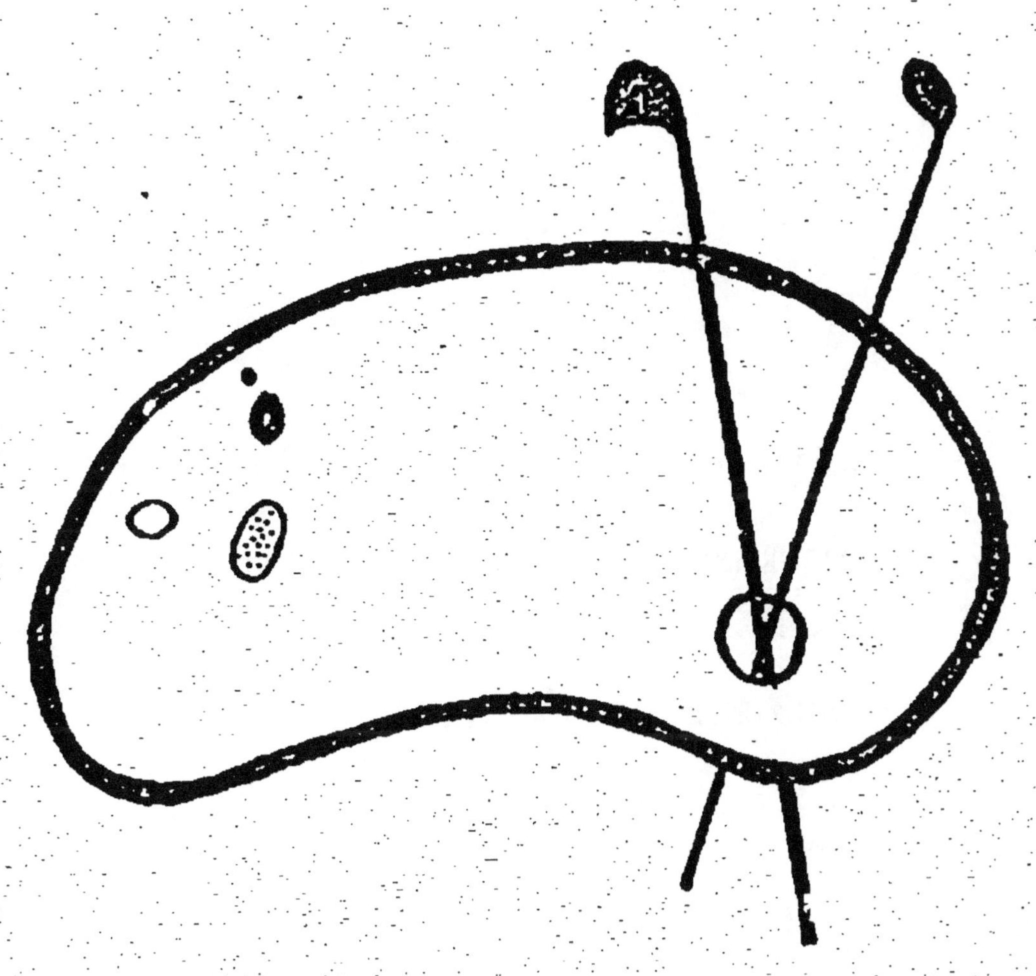

FIN D'UNE SERIE DE DOCUMENTS
EN COULEUR

FÊTE DE LA CINQUANTAINE

DU PETIT SÉMINAIRE DE LA CHAPELLE-SAINT-MESMIN

ET

DOUZIÈME RÉUNION TRIENNALE

DES ANCIENS

1846-1896.
Petit Séminaire
DE LA
Chapelle St. Mesmin
Fête
du
Cinquantenaire
26 Juillet 1896
LITH. P. PIGELET, ORLÉANS

FÊTE

DE LA

CINQUANTAINE

ET

DOUZIÈME RÉUNION TRIENNALE

DES ANCIENS

PRÉSIDÉES PAR

S. G. Mgr L'ÉVÊQUE D'ORLÉANS

Le 26 Juillet 1896

ORLÉANS
IMPRIMERIE PAUL PIGELET
8, RUE SAINT-ÉTIENNE, 8

—

1896

FÊTE DE LA CINQUANTAINE

DU PETIT SÉMINAIRE DE LA CHAPELLE-SAINT-MESMIN

ET

DOUZIÈME RÉUNION TRIENNALE

DES ANCIENS

Parmi tant d'autres dates glorieuses inscrites dans les annales de La Chapelle, le 26 juillet 1896 restera l'une des plus mémorables, car, ce jour-là, le Petit Séminaire a célébré ses *noces d'or* d'une manière digne de lui.

Près de cinq cents Anciens réunis de tous les points de la France et toutes les générations d'écoliers élevés à La Chapelle représentées à sa fête jubilaire ; tous les âges et tous les rangs confondus dans un même sentiment de cordiale fraternité ; un demi-siècle revivant tout à coup pour quelques heures dans des conversations de vieux camarades redevenus tous jeunes ; les vieilles amitiés de collège qu'un auteur ancien, Quintilien je crois, déclare les plus solides de toutes ; la joie brillant sur tous les fronts et animant tous les entretiens, parce qu'elle était dans tous les cœurs ; d'éloquentes paroles prononcées pour en rendre l'expression plus sensible et plus présente ; les regrets des absents commentés avec une franche indulgence et la sympathie la plus entière ; un pieux souvenir accordé à ceux qui ne sont plus et se transformant spontanément en une prière ; puis l'action de grâces dignement faite à Dieu qui a visiblement béni tout ce passé ; enfin le bonheur fièrement senti de constater que non seulement La Chapelle a bien mérité de l'Église et de la France depuis cinquante ans, mais que sa prospérité présente est pour elle le gage d'un avenir non moins utile et non moins glorieux : tout cela fit du 26 juillet pour le Petit Séminaire une belle et grande journée.

LES PRÉPARATIFS. LA DÉCORATION
DE LA MAISON

Elle était attendue avec impatience et elle avait été préparée avec soin. En même temps que, dans les dernières semaines, les adhésions arrivaient plus nombreuses et plus chaleureuses qu'aux réunions triennales ordinaires, au Petit Séminaire on hâtait avec une ardeur inaccoutumée les préparatifs de la fête. Il fallait qu'elle eût un éclat particulier : la décoration de la maison devait être plus élégante et plus riche, le banquet mieux dressé, les discours non plus éloquents mais plus nombreux, la séance du soir plus nouvelle ; on attendait tout cela et l'on eut tout cela.

Pour ne parler ici que de la décoration de la façade principale, n'a-t-elle pas grand air avec cette rangée de mats pavoisés qui la bordent sur une longueur de deux cents mètres, avec ces guirlandes de feuillage dont les arabesques courent gracieusement, entre les écussons et les drapeaux, du belvédère au grand perron, avec ces vieux saints de Micy qui semblent monter la garde au sommet, avec son clocher remis à neuf et sur lequel se dresse la croix blanche surmontée d'une flamme gigantesque ? Pour animer cette décoration, les bustes de Mgr Fayet et de Mgr Dupanloup, les deux fondateurs de La Chapelle qui sont toujours là, comme pour inviter le visiteur à entrer chez eux, celui-là avec son sourire plein d'une fine bonhomie, celui-ci avec cette flamme de bonté et de génie que le ciseau de Chaput a fait revivre dans le bronze. Dans les allées des cours, sous les quinconces, près du château, jusque dans le parc, des guirlandes de verres de couleur qui s'allumeront ce soir, pendant que les feux de Bengale feront resplendir les cours, les bosquets, le château, le Séminaire dans une apothéose de lumière ; il suffit de jeter un coup d'œil sur ces préparatifs pour applaudir au bon goût qui les a ordonnés. Dieu veuille seulement que la sérénité du ciel en achève l'effet !

LES ABSENTS. LA PREMIÈRE PAGE DE L'HISTOIRE DE LA CHAPELLE

Il devait pourtant manquer quelque chose à une fête qui s'annonçait si brillante ; plus d'un personnage de marque ne put se trouver au rendez-vous. Il arriva des excuses, et très dolentes, de vingt endroits ; à Pithiviers, M. le Supérieur de Saint-Grégoire était retenu par le devoir professionnel ; à Gien, Mgr Robichon l'était par sa santé ; à Montargis, Mgr Godefroy par la fête de sainte Madeleine. Combien d'autres ont, malgré eux, manqué à l'appel ! Citons au moins M. l'abbé de Bréon, curé de Saint-Germain-l'Auxerrois, le P. de Gabriac, le vénérable M. Sutin, le doyen des vétérans. De Madrid, M. le duc de Terranova (Alphonso de Medina) se plaignait de rester « captif de ses devoirs de sénateur », mais il ajoutait que pour son cœur il n'y aurait jamais de Pyrénées ; de Varsovie, M. Albert Krasnodembski envoyait une généreuse offrande pour la reconstruction de la chapelle ; de Bologne, M. le comte Grabinski annonçait sa visite pour le mois d'octobre ; de Naples, M. le comte del Pezzo et M. Ferdinand di Rende s'associaient à nous par un affectueux télégramme ; des lettres venaient des États-Unis, de la Guyane, de la Chine, et, plus grande était la distance, plus vifs étaient les regrets, car, en cette circonstance et pour ces absents, La Chapelle était vraiment la patrie.

On ressentait vivement ces regrets à La Chapelle, d'où qu'ils vinssent : on regretta surtout l'absence de S. Em. le cardinal Siciliano di Rende, archevêque de Bénévent et celle de S. G. Mgr Coullié, archevêque de Lyon. Monseigneur l'Évêque d'Orléans avait fait à La Chapelle l'honneur de les inviter à présider avec lui la fête jubilaire ; malheureusement, le cardinal di Rende fut retenu en Italie auprès de son frère aîné que la mort devait bientôt lui ravir, et la santé si délicate de Mgr Coullié ne lui permit pas de faire le voyage de Lyon, après les belles solennités de Fourvières où il s'était, quelques semaines auparavant, épuisé pour le service de la sainte Vierge. Nous eûmes du moins la consolation de savoir que de Bénévent et de Lyon on remerciait Dieu avec nous, et, à la fin du banquet, Monseigneur l'Évêque d'Orléans fut l'interprète des Anciens en envoyant l'éloquente expression de leur affection respectueuse au Cardinal et à l'Archevêque, absents malgré eux.

Une autre absence particulièrement regrettée fut celle de Mgr Baunard, recteur de l'Université catholique de Lille. En qualité de Rhétoricien de 1846, il eût, avec quel talent ! toute la France le sait, porté la parole au nom des vétérans. Quelle déception ce fut quand on apprit que Mgr Baunard était, lui aussi, retenu loin de nous par les graves devoirs de sa charge ! Mais les Anciens n'avaient-ils pas droit à une compensation ? Si l'honneur et le plaisir de le voir leur était refusé, s'ils étaient privés de l'entendre, ils pourraient du moins le lire, et voici, sous la forme d'une causerie très spirituelle et très émue, les pages qu'il a bien voulu écrire sur les origines de La Chapelle.

CINQUANTE ANS APRÈS

« *Ce que vous n'êtes pas venu nous dire, à la fête de notre Cinquantaine, si vous nous l'écriviez ?...* » Lorsque M. le Supérieur et notre cher président de l'Association des Anciens me firent l'un après l'autre cette instance, j'eus d'abord le mauvais goût de m'excuser. Raconter les premières années de La Chapelle, des choses d'il y a cinquante ans, moi qui depuis vingt ans habite le pôle nord de la France, sous un ciel et à un âge où l'imagination se fige dans la brume !...

Mais, entre amis que nous sommes, pourquoi tant de façons ? Je n'ai pas désappris encore tout à fait la ravissante musique de la langue natale, ni mangé ce fruit du lotus qui faisait oublier Ithaque aux compagnons d'Ulysse. Je crois même, à dire vrai, que ces choses d'antan ne m'ont jamais été si présentes qu'aujourd'hui.

Je les revois, je les revis, — vous savez que l'arrière-passé est le dernier refuge de la mémoire des vieux. — Et puis me ressouvenir ce sera me rajeunir ; et c'est, précisément ce dont j'ai le plus besoin, à cette heure. Qui donc a dit que « se souvenir c'est presque recommencer » ? Si c'était vrai ! Voulez-vous bien, chers amis, que nous recommencions ?

J'y suis. J'ai, si vous me le permettez, de seize à dix-sept ans. C'était alors l'âge en fleur des élèves d'humanités, vos grands-pères et vos grands-oncles, chers petits enfants du Séminaire d'aujourd'hui. Nous sommes dans les années 1844 et 1845. Vous voyez-nous alors, jeunes comme vous, aborder ici en longue file d'écoliers, par un frais matin de printemps, afin d'y visiter, pour la première fois, ce domaine seigneurial qui nous était promis ? Nous sortions de nos nids à rats du cloître Saint-Étienne et du cloître Sainte-Croix, pour émerger ici, à ces espaces, à cette lumière, à ces collines, à ces vallées, à cette verdure, à cette nature, à ces beautés du ciel, de la terre et des eaux. Et dans un an, deux ans, ce serait le nouveau Petit Séminaire d'Orléans ! C'allait être notre chez nous, notre nid à nous, bâti pour nous ! Jugez de l'enchantement.

Chaque semaine nous y ramenait en promenade, le jour du congé, dans la belle saison. C'est l'âge préhistorique de La Chapelle dont je parle : le Séminaire sortait à peine de terre. Il y avait encore là, dans les quinconces et dans les bois, des souvenirs et des images d'autres temps, d'autres mœurs surtout : des grottes en rocailles avec des dieux et demi-dieux, des cénotaphes élevés à des héros tels quels de la Comédie-Française, des divinités de marbre couchées le long des bassins transparents, tout un Olympe mythologique, qui bientôt allait faire place au beau paradis que voici. Le dernier dieu qui tint bon fut un superbe Apollon du Belvédère, en buste, qui se mirait dans le bassin aujourd'hui disparu d'une gloriette, derrière votre jardin actuel des parloirs. Le vainqueur de Python avait gardé sur son beau front une fierté, dans sa narine une colère, sur sa fine bouche un dédain que nous prenions pour nous, jeunes barbares, envahisseurs de ce domaine sacré. Nous lui fîmes grâce néanmoins : c'était le roi du Parnasse et le frère des Muses ! Mais il finit, lui aussi, par disparaître sans retour : pour inspirer nos poètes, nous avions un autre Dieu plus grand que lui.

Mais le parc ! Parlons du parc, avec ses vallées, ses sapins, ses allées petites et grandes, droites ou sinueuses, ses bosquets, ses profondeurs d'ombres, ses abris sauvages, ses tapis de lierre, ses festons de lianes, ses tournants pleins de surprises, ses bruits aériens sous le vent, son peuple d'insectes sous l'herbe, de lézards sur le vieux mur, d'oiseaux dans le feuillage, ses pentes de gazons semées d'orchis-mouches et d'orchis-araignées que l'on eût cru vivantes... Mon Dieu, comme tout cela nous paraissait grandiose autant que beau !

Nous donnions de beaux noms poétiques à chacun de ces beaux lieux : c'était juste. Pour mon compte, j'entrai bien vite en connaissance personnelle avec tout ce monde animé et parlant qui me disait tant de choses. J'eus même, je l'avoue, des amitiés particulières avec quelques arbres chéris, auxquels je suis resté fidèle. Comme j'en avais aussi avec quelques beaux et bons livres, j'emportais les livres sous les arbres qui n'en étaient pas jaloux. Je pourrais vous montrer encore, au fond du bois, tel banc, sous tel berceau, où l'un de nos surveillants, — que le bon Dieu ait son âme ! — faisait consister sa surveillance à nous faire asseoir à part avec lui, deux ou trois initiés, pour nous lire là en secret, soit les plus beaux chants des *Martyrs* de Châteaubriand, soit les plus belles strophes des *Harmonies* de Lamartine, qu'ensuite je m'en allais me chantant à moi-même, entre deux phrases de thème grec ou deux hémistiches latins qui ne s'en trouvaient pas mieux.

Afin que rien ne rompît le charme de cette journée champêtre, on dînait d'ordinaire dehors, sous les quinconces, en vue de la Loire endormie nonchalamment entre ses îlots de sable. Grand Dieu, qu'un tel dîner était bon ! Puis, l'heure venait de partir. On s'en retournait lentement, harassé, mais charmé, par le chemin de halage, ou tout au bord, au pied des roches, sur la grève coupée de sources vives, tandis que le soleil se couchait du côté de Cléry, derrière les arbres, rougissant. Nous ne rentrions qu'à la nuit, aux premières étoiles, pour bientôt nous endormir et rêver de tout cela dans notre Cloître, sous la garde de la vieille cathédrale et comme à son chevet de mère.

Pardon, nous faisions mieux que de rêver de La Chapelle, nous priions ensemble pour elle. Vous a-t-on dit, mes jeunes amis, qu'à partir du jour de la bénédiction de la première pierre, tous les matins, après la messe, le célébrant se mettait à genoux au pied de l'autel, et que lui et nous, nous et lui, nous récitions le psaume *Memento, Domine, David*, pour intéresser le ciel à l'édification de la maison future ? Nous lui demandions de concert qu'il nous fût donné « d'entrer et d'adorer dans la tente où il allait daigner habiter parmi nous ». Nous lui disions : « Levez-vous, Seigneur, et transférez, là-bas, votre Arche d'alliance », l'arche des fortes vertus, l'arche des trésors célestes, l'arche des sciences et des lettres, l'arche du sacerdoce éternel. Nous lui demandions d'en faire « le séjour de son choix, au milieu de ses enfants ». Avec le psaume, nous le priions aussi de remplir de confusion ses ennemis et les nôtres : n'y avait-il pas alors, à La Chapelle même, de vieux voltairiens attardés qui criaient d'avance à « la Jésuitière » ?

Mais par-dessus tout, finalement, nous le suppliions de faire fleurir ici les Saints et la sainteté : *super ipsum efflorebit sanctificatio*. Nous sommes exaucés, Messieurs. Des saints dans le clergé et des saints dans le siècle, des saints parmi les maîtres et parmi les élèves, des saints dans les missions et sur les champs de bataille, il s'en est fait ici une floraison continue qui a embaumé notre terre et s'est épanouie au ciel. J'ai lu, à l'entrée de votre chapelle de la Sainte-Vierge, sur le marbre consacré à la mémoire de vos frères morts à la défense de la patrie, le nom de mon cher condisciple, le capitaine Doquin de Saint-Preux. Je l'ai beaucoup pratiqué et aimé, et je vous l'assure : c'était un héros et un saint. J'ai cherché quelque part, — pourquoi ne l'ai-je pas trouvé ? — le nom de Mgr Foucard, mort vicaire apostolique en Chine, un de vos meilleurs maîtres ; j'ai travaillé ici, près de lui, avec lui, et ma main dans la sienne : lui aussi était un héros et un saint. Je me suis agenouillé dans la chapelle funéraire, cachée derrière les cyprès, sur le tombeau du père Hetsch, mon ami et mon frère d'armes; et vous tous qui l'avez connu, vous tous qui l'avez pleuré, ses fils ou ses collègues, de quel autre nom l'appellerez-vous avec moi ? Celui-là, c'était la sainteté dans sa plus belle fleur : *super ipsum efflorebit sanctificatio.*

Aux premiers jours d'octobre 1846, nous entrions ici. A la place du potager et du verger du château, s'élevait aujourd'hui, dans de vastes proportions architecturales, le Petit Séminaire de La Chapelle-Saint-Mesmin. Saluez ce nom, Messieurs, il deviendra illustre. Le lieu l'était déjà par de vieux souvenirs d'histoire où s'entrelacent les noms de Clotilde et de Clovis ; ç'avait été un berceau pour la France monastique ; ç'allait devenir un berceau pour la jeune France chrétienne. On venait le voir de loin pour la beauté de son édifice et la grandeur de son site. On admirait du dehors ce long déploiement de ses deux ailes, lesquelles, par la suite, devaient pousser encore. On admirait au dedans ce riche rayonnement de ses salles d'études, de ses classes, de ses dortoirs, de ses cours et de ses préaux, autour de la galerie à double et triple étage de sa cour d'honneur, avec sa chapelle au centre : *in medio Deus,* comme nous disions en vers. Chère chapelle tant aimée ! Nous la trouvions naïvement splendide, telle qu'elle était. Que sera-ce donc demain lorsque, grâce à M. le Supérieur, grâce à vous aussi, généreux camarades, agrandissant son enceinte et surélevant sa voûte, elle aura trouvé le secret, bien rare, n'est-ce pas, de s'embellir en vieillissant ?

Ce fut un grand jour que celui de sa bénédiction. Un prêtre parla de l'autel. C'était M. Sutin, alors directeur et préfet de religion. Salut à lui ! Je veux que ces pages aillent porter au vénérable Sulpicien octogénaire, notre doyen à tous, l'impérissable reconnaissance d'un de ses premiers fils. Du pied de cet autel, il nous montra du geste, par delà la cour d'honneur et derrière les pentes ombragées du rivage, cette Loire, qui, nous disait-il, soixante ans auparavant, aux jours de la Terreur, avait porté les bateaux chargés de prêtres enchaînés qui allaient périr martyrs dans les noyades de Nantes. Et il nous demandait alors : « Vous qui leur succéderez un jour dans leur ministère, auriez-vous le courage de leur succéder, s'il le fallait, dans le martyre ? » Je crois sentir encore le coup de ce trait de feu dans mon cœur: c'était notre enrôlement dans l'armée de la croix !

Je n'ai pas nommé encore le père de toute cette œuvre. Je ne vous ai pas dit, Messieurs, que nous avions un évêque d'Orléans, Msgr Fayet, qui avait fait de cette prodigieuse création l'œuvre maîtresse et immortelle de son épiscopat. L'Église n'avait pas alors la liberté d'enseignement : il devançait la loi en élevant une école mixte qui devait bientôt mener le chœur de tous les collèges libres qu'allait faire surgir la loi scolaire de 1850. Comment avait-il opéré ce miracle ? En donnant premièrement: il possédait dans la Lozère un bien de campagne, la Fagette, et il avait vendu pour nous « sa petite Fagette ». En demandant ensuite, en demandant à Paris, à Orléans surtout, au diocèse entier. On critiqua, c'est l'usage ; puis on donna, c'est l'usage encore ; la *guêpe* orléanaise a plus de miel que de fiel.

L'évêque était orateur. On admirait ses discours. Ses mandements de Carême, qu'il travaillait beaucoup, étaient des pièces d'une éloquence nerveuse et solennelle, à la manière de Lamennais et de M. de Bonald, qui faisaient le tour de la France et qui troublaient, par leurs prophétiques avertissements, la béate sécurité des doctrinaires du gouvernement de Juillet. On nous les donnait comme des modèles du bien dire, et justement. Mais hors de là, nous ne connaissions de lui que la familière bonhomie de son entretien. Habitant près de nous, dans son petit château style Empire, il vivait beaucoup avec nous dans ces commencements. Il traversait nos cours de récréation, avec Diane, sa grande levrette, que nous faisions courir. Il surprenait nos maîtres à table, partageant même, pendant quelque temps, leur sobre repas du soir qu'il assaisonnait de spirituelles anecdotes, gaies et fines, relevées encore par une pointe de saveur gasconne. Parfois se glissant derrière nos bancs, pendant la prière du soir, qui se faisait alors dans les salles d'étude, il s'agenouillait simplement à terre, dans notre poussière ; et sa présence ne nous était révélée qu'à la fin, par sa bénédiction et son bonsoir paternel. De vrai, c'était un père.

Il ne manquait pas de nous amener les hôtes distingués qui le venaient voir à la campagne ou à la ville. Je me souviens de Mgr Mathieu, archevêque de Besançon. Nous le haranguâmes en latin : il nous répondit de même avec une abondance extraordinaire : c'était sa langue favorite.

Un autre visiteur illustre m'attira davantage : c'était le Père Lacordaire. Notre professeur de seconde, M. l'abbé Jacquet, nous l'avait fait tant aimer, l'année précédente, en nous lisant, chaque lundi, dans l'*Univers*, toute brûlante encore, sa conférence de la veille à Notre-Dame ! — « Mon Révérend Père, lui avait dit Mgr Fayet en lui faisant les honneurs de sa belle campagne, vous devriez venir vous établir ici pour y préparer vos beaux discours. » Nous le haranguâmes lui aussi, mais en français, comme de juste. Que nous répondit-il ? Il ne nous répondit rien. « Personne, a écrit de lui Montalembert son ami, personne n'a poussé plus loin l'audace du silence. » Il eut vis-à-vis de nous cette trop facile audace. Ce nous fut une déconvenue. Je levai les yeux vers lui : son beau regard parlait ; je ne l'oublierai jamais.

Un autre jour, nous fûmes présentés, mais en passant, à un prêtre célèbre que nous devions plus tard apprendre à mieux connaître. C'était l'abbé Dupanloup. Il ne fit que traverser nos cours intérieures de récréation, à pas pressés, presque en courant. Nous interrompîmes nos jeux pour faire cercle autour de lui. Je me souviens qu'en homme du métier il recommanda au Supérieur de protéger contre nos balles les vitres de tous les étages, en faisant mettre des volets aux fenêtres. Que n'avait-il le temps de nous faire entendre alors quelques-uns des accents de son âme de feu ? Mais nous devions nous revoir. A moins de deux ans de là, Mgr Fayet, devenu représentant du peuple à l'Assemblée nationale, nous était enlevé par le choléra, à Paris. Nous apprîmes bientôt que son successeur désigné était ce même et illustre abbé Dupanloup, un maître en éducation, qui avait daigné naguère encourager nos jeux. Nous en conclûmes naturellement qu'on ferait de belles parties de balles sous son épiscopat : c'était la vérité, mais pas toute la vérité ; on devait faire autre chose. En tout cas, le Supérieur s'empressa de faire mettre des volets aux fenêtres.

Il est une visite, moins aimable celle-là, que nous reçûmes au cours de cette même année 1846-1847 : la visite de la Loire qui sortit de son lit, déborda dans le val, inonda tout le pays, se rejoignit au Loiret, ne faisant qu'un vaste lac de toute la presqu'île formée entre Orléans et Olivet, jusqu'à Saint-Pryvé et Saint-Hilaire d'une part et Saint-Denis-en-Val de l'autre. Le mur d'en bas du parc fut renversé, la digue se rompit à la hauteur de la Bouverie, l'on naviguait sur la levée, on pêchait dans la Vallée suisse. Ce fut un grand désastre et une épouvante sans pareille. On nous menait plusieurs fois le jour contempler ce spectacle sur la terrasse du château. Le fleuve roulait impétueux un flot écumeux et jaune qui montait, montait toujours, entraînant des débris de fermes et de maisons, toitures, meubles, bestiaux, récoltes qui passaient rapides et tournoyants sous nos regards. En face de nous un hameau de Saint-Pryvé, les Tuileries, était en perdition et faisait des signaux de détresse. Quelques-uns de nos jeunes maîtres parlaient déjà de monter une barque pour opérer le sauvetage. Finalement, à la réflexion, ils estimèrent plus sage de laisser ce soin héroïque à d'autres et de conserver leurs jours pour l'amour de nous. Ce fut une grande bonté. Nous, les rhétoriciens, nous parlions de les suivre ; montés à l'admiration, nous évoquions l'inondation du Tibre ou de l'Éridan célébrée dans nos livres. Les petits, eux, ne voulaient rien perdre de leur récréation, et je les vois encore, après quelques regards, se remettre à leurs jeux de billes au bruit de la vague mugissante. Mgr Fayet fit savoir qu'il se chargeait des orphelins, et prodigua des secours abondants aux malheureux. Quand le fléau eut passé, nous voulûmes en immortaliser le souvenir par la poésie : nous fîmes sur l'inondation de la Loire des poèmes en beaux vers latins, aussi beaux que ceux de Virgile, car ils en étaient presque tous.

En somme l'année 47 ne fut pas une année heureuse. Après l'inondation la récolte manqua, on eut le pain cher, le pauvre peuple souffrit ; on sentait arriver une révolution. Le parc était tout fangeux, et les arbres eux-mêmes souillés de limon jusqu'aux cimes ; nous n'en jouîmes qu'à demi. Nous n'en travaillâmes pas moins. Notre professeur de rhétorique était le bon M. Renaudin, qui y mit tout son grand cœur, tout son talent, tout son zèle. Ce qui seul manquait à ce père, à cette mère, c'étaient des petits enfants, et nous en étions, hélas ! de trop grands. Avec M. Aubert, nous commençâmes à apprendre ce que c'est que la grande histoire raisonnée, synthétisée, approfondie, solide. Je veux mentionner aussi dans ma reconnaissance le cours d'instruction religieuse, que le supérieur, M. Lecointe, faisait le dimanche, à notre classe. Il nous lisait du Bossuet, avec une admiration communicative ; et je lui demeure redevable d'avoir allumé dans mon cœur, pour cet immortel génie, la première étincelle de cette flamme d'amour qui ne devait plus s'éteindre.

En résumé, il me semble que dès lors on faisait ici de bonnes études. Du baccalauréat il n'était pas plus question que s'il n'avait jamais été inventé pour le bonheur des mortels. Nous faisions de l'art pour l'art, aimant les lettres pour elles-mêmes, pour leur beauté propre, pour ce qu'elles donnent de lumière supérieure à l'esprit, de joie élevée au cœur et de charme pur à la vie. En cela nous formions déjà le premier anneau de cette chaîne de tradition littéraire que vous avez forgée ensuite d'un métal plus riche. Mais dès le premier jour le beau eut ici son culte, avec le vrai et le bien, inséparables pour nous du culte trois fois sacré de Notre-Seigneur, de sa divine Mère, de ses Anges et de ses Saints.

C'est ce culte du beau que devait promouvoir plus ardemment encore le grand Évêque que je n'appellerai pas le père de cette Maison, puisqu'elle existait avant lui, mais qu'avec la France entière j'appellerai volontiers un des Pères de notre éducation chrétienne et nationale, en vue de la formation intellectuelle et morale, non de Mandarins pour la Chine, mais de Français pour la France. C'est ce culte du beau qui a fait de votre ville, de

votre province, de votre diocèse, la terre classique des choses de
l'art et du bon goût, dont les enfants se reconnaissent à
cet accent de famille qui s'appelle le bien-dire, à cet air de
famille qui est la délicatesse et la distinction.

La Chapelle y a sa bonne part d'influence. Si Orléans c'est
Athènes, La Chapelle c'est, si vous le voulez, le jardin d'Acadé-
mus, ou ce cap de Sunium où Platon enseignait, entre les pen-
seurs et les poètes. Ceux qui s'en éloignent ont beau faire, ils ne
le peuvent oublier. Si loin que les retienne le combat de la vie,
ils se retournent par le souvenir vers ce pôle aimanté de leur
existence, pour y retrouver ce que les Grecs appelaient d'un mot
qui dit tout, la lumière, cette lumière des esprits plus encore que
des yeux, que Cicéron plus tard voyait reluire à Rome, et de
laquelle il écrivait : *Urbem, urbem, hanc ama, mi Rufe, hanc
cole, hanc fove, in hâc luce vive!*

Pourtant est-ce là tout? Eh! bien, non, ce n'est pas tout. Gar-
dons-nous du dilettantisme, Messieurs. La vie n'est pas un repos
dans l'enchantement de l'esprit, la vie doit être une action dans
l'exercice et dans le combat. Lorsque j'étais en rhétorique, j'avais
écrit mon rêve d'avenir dans une sorte de ballade de je ne sais
combien de couplets, dont le premier disait :

> Dans un rêve enchanté naguères
> J'étais devenu grand seigneur;
> Et dans le pays des chimères
> J'avais rencontré le bonheur...

C'était un bonheur à la Bernardin de Saint-Pierre. Dans ce
rêve idyllique j'avais placé une verte campagne, une maison
blanche à la Jean-Jacques, avec toit rouge et volets verts, un frais
bosquet, un clair ruisseau, une barque légère, des amis choisis
et des livres de même : *Hôc erat in votis.* C'était mon idéal. Je
m'avisai un jour de chanter mon rêve à notre ami M. Brugère,
un de nos jeunes maîtres d'alors. Il rit de moi, et il fit bien, en
me rappelant au *Sursum corda* et à la religion de la Croix.

Depuis ce temps-là, je l'ai bien compris; j'ai détruit mes vers
d'enfant; et je suis maintenant bien réveillé de mon rêve. Je ne
suis pas devenu « grand seigneur », loin de là, je ne suis qu'un
rès petit seigneur. Mais au lieu d'une retraite champêtre, j'ai

pris du service dans l'armée du Roi des rois. Il m'a été permis de faire campagne pour Lui, à la frontière, sur des champs de bataille nouveaux. Si l'on a daigné m'y agréer, c'est à vous, mes anciens maîtres, c'est à mon apprentissage de La Chapelle que je le dois. Ce que vous m'avez donné ici, j'en ai remercié Dieu mille fois, non pas comme d'une vaine et brillante parure de théâtre, mais comme d'une solide armure trempée aux plus pures sources. Et aujourd'hui que je touche à la limite d'âge, à la veille d'être mis en disponibilité, c'est encore ici que je reviens pour déposer mes armes aux pieds de ceux qui m'en ont revêtu, il y a cinquante ans, pour le sacré combat.

Meung-sur-Loire, 17 août 1896.

L'INAUGURATION DE LA NOUVELLE CHAPELLE

Au temps où Mgr Baunard nous reporte avec des souvenirs si frais et une piété si éloquente, le Petit Séminaire n'avait pas encore de chapelle proprement dite, et, par une suite de circonstances très diverses, il dut attendre cinquante ans pour voir commencer la réalisation d'un projet souvent élaboré, toujours différé. Aujourd'hui enfin, ce n'est plus un rêve ; le nouvel édifice se dresse, incomplet sans doute, mais tel que les Anciens le souhaitaient depuis longtemps.

C'est bien là le monument qu'une charmante brochure leur avait, quelques semaines auparavant, annoncé et décrit. A l'extérieur, il domine la maison et lui donne de loin le caractère qu'elle doit avoir d'une maison d'éducation religieuse ; à l'intérieur, l'effet est meilleur encore : l'ancienne chapelle a été conservée avec ses vieux et chers souvenirs, mais elle est agrandie et presque doublée par le nouveau sanctuaire qui forme avec elle un saisissant contraste; au vaisseau sombre et abaissé succède une abside spacieuse et élancée d'une éclatante blancheur ; cinq grandes fenêtres inondent de lumière ses colonnes et ses arcatures ; les tribunes superposées du transept avec leurs gracieuses balustrades sont d'un bel effet décoratif ; la vaste nef portée sur des colonnettes détachées de la muraille semble suspendue en l'air ; l'ensemble a vraiment un grand caractère de hardiesse et d'originalité ; nos anciens condisciples, MM. Rapine et Guillaume, ont fait une œuvre à la fois digne de leur science, de leur goût et de leur piété filiale envers La Chapelle.

Le nouvel édifice étant le mémorial de la Cinquantaine, son inauguration devait être l'événement capital de la journée ; aussi, les offices y furent-ils très solennels. Mgr l'Évêque d'Orléans célébra la messe de communion ; un de nos anciens professeurs, Mgr Dufal, évêque de Delcon, officia pontificalement à la grand'messe et aux vêpres ; la décoration de la chapelle, l'entrain des chants, le nombre et le recueillement des Anciens, l'émotion visible sur tous les visages, tout contribua à faire de ces heures passées sous l'œil de Dieu les meilleures et les plus douces de la journée.

LA JOURNÉE

Il est midi ; déjà plus de trois cents Anciens se sont fait inscrire sur les listes de présence et ont reçu le gracieux jeton qu'ils emporteront comme souvenir de la Cinquantaine.

Face   Revers

Quelques heures encore et ils seront près de cinq cents. Jamais, à aucune réunion triennale, les anciens élèves de La Chapelle n'ont été plus nombreux. La raison de cette affluence extraordinaire n'est pas seulement que leur nombre s'accroît avec les années ; elle est, avant tout, dans l'attrait particulier de la Cinquantaine. C'est lui qui ramenait ce jour-là à La Chapelle des Anciens qu'on n'y avait point revus depuis leur sortie ; c'est lui qui avait abrégé les distances, triomphé de mille obstacles et, d'un seul élan, mis en mouvement vers le Petit Séminaire cinquante générations d'écoliers. La statistique n'est pas toujours ennuyeuse, elle est même éloquente parfois ; que si l'on calcule que, depuis cinquante ans, les classes de Rhétorique ont compté de 30 à 40 élèves, ce serait donc à peu près le tiers, et, en tenant compte des défunts, la moitié de chaque classe qui aurait assisté aux *noces d'or* de La Chapelle ; est-il besoin de conclure que voilà un beau témoignage de fidélité ?

Faut-il aussi décrire les joyeuses reconnaissances, les promenades dans le parc, les conversations animées, les groupes, jeunes ou vieux, tout à coup reformés comme au bon vieux temps ? Non, laissons les Anciens s'abandonner au charme de ces heures trop courtes où l'amitié efface toutes les distinctions, mêle tous les uniformes et fait fraterniser tous les cœurs.

LE BANQUET. — LES TOASTS

Voici l'heure du banquet. Dans la cour d'honneur, parée de sa décoration habituelle et couverte de son *velum*, se dressent des tables pour huit cents convives. Les plus vénérables des anciens élèves ont pris place sur l'estrade, à côté de NN. SS. d'Orléans et de Delcon, avec nos invités et nos anciens maîtres. La cour entière est remplie par de longues files de tables où sont assis anciens et nouveaux, classe par classe, depuis la rhétorique de 1846 jusqu'au cours préparatoire de 1896. Je devrais dire de 1897, car les huitièmes de cette année, pour les habituer sans doute au menu du Séminaire, ont invité à dîner les huitièmes de l'année prochaine, petits-fils ou petits-neveux d'Anciens, et nous avons ainsi, à la Cinquantaine, la petite table à côté de la grande, et l'espérance à côté du souvenir.

Que le banquet ait été joyeux, c'est ce qu'il est

superflu de rappeler ; que la joie y ait été expansive au point d'atteindre quelquefois la limite où elle commence à devenir la gaîté bruyante, c'est ce dont on ne peut guère s'étonner : un réfectoire de huit cents amis qui ont tant de choses à se dire ne saurait être la salle à manger, très calme, où l'on dîne en famille. Au reste, si les convives surent converser avec animation, ils surent aussi applaudir avec enthousiasme quand, avec le champagne pétillant dans les verres, le moment des toasts fut arrivé.

M. le Docteur Arqué, président de l'Association amicale, prend le premier la parole :

MESSEIGNEURS,
MESSIEURS ET CHERS CAMARADES,

L'*Hier*, de cinquante ans, salue l'*Aujourd'hui* et présente le *Demain* (1) !

Ces cinquante générations d'Anciens, que viennent-elles chercher, ici, en ces *noces d'or* de leur cher Séminaire ? Que viennent-elles lui apporter ?

Un puissant attrait nous emporte vers les coteaux de La Chapelle. « *Corrite al monte !* » Chacun de nous, sur les rives embaumées de la Loire, dans ce parc aux arbres séculaires, dans ces cours ombragées, en classe, à l'étude, chacun de nous, sans doute,

> A dé son vieux pupitre évoqué les secrets...

ou bien, près de l'autel :

> ... Pour s'agenouiller, ce matin, a fait choix
> De la dalle où, jadis, plein de saintes alarmes,
> Il a communié pour la première fois.

(1) Les *premiers petits-fils* et *petits-neveux* d'Anciens, futurs élèves, invités pour la *Cinquantaine.*

L'a-t-il reconnue — cette dalle — dans la chapelle agrandie et admirablement transformée, par les soins pieux d'artistes, fils du Séminaire, et par ceux d'un autre fils, qui n'étend pas seulement sa paternelle sollicitude sur nos enfants, mais sur tout ce qui peut leur faire aimer leur maison d'adoption ? Pendant qu'il sème de bonnes leçons et de beaux discours, il est, tour à tour, maçon, jardinier, peintre, tapissier, décorateur... Des parloirs aux lavabos, des escaliers de service à l'escalier d'honneur, de la chapelle des Saints-Anges à celle du Rosaire, des cours de récréation jusqu'à ces jardins des parloirs — aimés des mères — « primés « par les princes de l'horticulture, où la grille oublie de se faire « sentir en se cachant sous la verdure et sous les fleurs... » — C'est à ne plus s'y reconnaître ! Il embellit supérieurement tout ce qu'il touche !... — Cependant, dans ces murs, sous ces ombrages, tout nous parle.

> Objets inanimés, avez-vous donc une âme
> Qui s'attache à notre âme, et la force d'aimer ?...

Oui, c'est ce que chacun a laissé ici, là, partout, dans toutes ces choses, de son esprit, de son cœur, de sa volonté, de sa physionomie personnelle : sa propre empreinte dans la mère-patrie, qu'il vient retrouver, pour se *retrouver soi-même*.

Nous y venons *renaître*. Y vivre quelques heures nos jeunes années condensées en un jour.

Nous *redonner* et nous *reprendre* dans le cœur de nos condisciples et de nos maîtres.

> Qui dira ce qu'une âme recèle
> Des trésors d'une autre âme et d'où vient l'étincelle
> Foyer de vérité !
> Quel mot sorti du cœur, quelle noble parole
> Fait, sur l'amour de soi, notre première idole,
> Germer la charité !

Avec eux, par nous et par eux, nous venons nous *retremper* dans le bien, sous l'inspiration de Notre-Dame de Persévérance et sous la bénédiction de Dieu.

Nous venons puiser des forces nouvelles, dans ce fonds commun, où il y a de nous tous, dans cette *âme de La Chapelle*, et puis, demain, réconfortés, continuer vaillamment notre route et les luttes de la vie.

Voilà ce que nous venons chercher ici : *Corrite al monte !*

Emprunter aux plus jeunes de la sève de leur printemps, leur prêter de notre expérience et de notre maturité : leur rendre le passé du Séminaire. Il eut ses enseignements et ses gloires.

J'avais espéré, mes chers camarades, n'avoir que des présentations et une invite à faire et pouvoir m'arrêter ici. J'avais espéré qu'un de nos plus éminents condisciples — notre doyen — l'un des rhétoriciens de 1846, Mgr Baunard, prélat de la maison de Sa Sainteté Léon XIII, recteur de l'Université catholique de Lille, viendrait éloquemment, ce soir, faire revivre ce passé. Double déception pour tous : retenu loin de nous par le devoir, il nous manque et je dois le suppléer...

Eh ! bien, en train éclair pour ce défilé de cinquante années !... Évidemment, « nous ne pouvons qu'effleurer les cimes », Mgr Baunard nous donne la transition :

« Je m'étais fait un rêve de rajeunissement de cette réunion jubilaire. Cinquante ans après ! Moi, le vétéran de la bande, revoir mes années de 1846-1847, et les revivre dans le même cadre, pendant une journée de résurrection joyeuse. Chanter cet *Alleluia* avec quelques-uns des débris survivants de la vieille armée, et fredonner ensemble ce bon refrain du *Souviens-tu*, qui a 99 couplets, qu'on recommence ensuite et toujours ! S'entre-appeler des petits noms, suivre les mêmes allées creuses et feuillues dans le parc, répondre de son mieux aux corneilles *quarum longior est quàm hominum vita*, et qui se souviennent peut-être de l'écolier d'autrefois... tenez, c'est un enchantement de l'esprit et du cœur rien que d'y penser seulement. Hélas ! et pourtant il ne faut plus que j'y pense. »

« ... Quant à y parler, volontiers encore. Seulement j'aurais eu tant de choses à y dire que vous courriez grand risque de ne pas me voir finir : les vieux sont ainsi faits. Et puis, je ne sais quoi dont la source est au cœur me serait monté aux yeux et eût étranglé ma voix. Toujours l'effet de l'âge, et aussi l'effet de la tendre reconnaissance que je garde à cette maison, à son cher et beau passé, à son présent meilleur et plus brillant encore, à ceux qui y ont vécu en m'y donnant la main, à ceux qui y vivent encore, Monsieur le Supérieur, pour lui faire honneur et mériter toutes les bénédictions dont vous comblent les générations de pères et d'enfants dignes de vous, fiers de vous... »

De plus hautes bénédictions nous viennent de plus loin.

Tout d'abord donc, filial et respectueux hommage aux deux Pontifes suprêmes que La Chapelle a connus : Pie IX et Léon XIII. Ils comblèrent de leurs bénédictions et des Indulgences de l'Église notre Séminaire, nos réunions d'Anciens, et notre Association amicale.

Témoin encore ce télégramme qui arrive de Rome :

« Bénédiction apostolique pour le Petit Séminaire de La Chapelle. »

Que nos acclamations lui répondent :

Vive Léon XIII !

Souvenirs reconnaissants :

Au *fondateur* du Petit Séminaire de La Chapelle-Saint-Mesmin, Mgr Fayet, qui ouvrait à vos aînés, en 1846, avec une généreuse audace, ce « palais de l'éducation ».

Au maître des maîtres de 1850, Mgr Dupanloup ! Il sut faire envier La Chapelle par toutes les institutions rivales, comme toutes les chaires et toutes les tribunes purent nous envier le grand orateur d'Orléans.

Au *fondateur* de l'Association amicale des Anciens, Mgr Coullié ! fils, émule, continuateur d'un épiscopat partagé ; lui aussi, comme le maître, a préféré aux dignités sa dignité... Un télégramme est venu nous dire que le Primat des Gaules était toujours de cœur avec nous.

A notre nouvel Evêque : souhaits de bienvenue !

Je ne puis me permettre davantage devant vous, Monseigneur, mais à Orléans déjà, comme à La Chapelle : « Tout est vôtre ! » C'est fait !

Tous ces pasteurs voulurent être l'âme de La Chapelle.

A nos *maîtres d'élite*... leurs fils ! A cette pléiade d'éducateurs, qui, depuis cinquante ans, ont inspiré, par la leçon et l'exemple, le culte du beau, du vrai, du bien, l'amour du travail, du devoir et du sacrifice, le dévouement à l'Église et à la Patrie !

Souvenir plus particulier à ceux qui nous restent des ouvriers de la première heure. Hélas ! il n'en est plus que trois de 1840.

Au *premier* de nos *directeurs* de La Chapelle, notre *premier professeur* de *philosophie*, le vénérable octogénaire M. l'abbé Sutin, aujourd'hui doyen des prêtres de Saint-Sulpice, dont les forces diminuent, sans doute, mais dont le cœur est toujours fidèle à La Chapelle. — Non loin d'ici, à Saint-Laurent-des-Orgerils, que dis-je, ici même, à notre *premier professeur d'histoire*, M. l'abbé Aubert, « l'homme des sages conseils et des graves enseignements ». Il vous en convaincra bientôt. — A M. l'abbé Dumontel, qui de la huitième de 1840 montait, de degrés en degrés, au sommet de la littérature... et de l'art.

Tous les regards et tous les cœurs, Monseigneur, cherchent près de vous, ce soir, le fidèle entre les fidèles à l'appel de l'amitié ; il y a peu de jours, Mgr Renaudin, notre *premier professeur de rhétorique*, a répondu à l'appel de Dieu. Sa vie avait été une leçon de bonté, sa mort, une leçon de détachement ; ses obsèques ont pu faire croire à Orléans que tous ceux qui les suivaient avaient perdu... leur père.

Que ne devons-nous pas, nous, les vieux, à nos premiers Supérieurs : MM. Lecointe, Champeaux, Cardinal Place, le Père Hetsch, pour ne citer que les morts. Tous, vous avez, nous avons, au meilleur de notre cœur, le souvenir le plus reconnaissant aussi pour leurs vaillants successeurs. — Les trois derniers, d'ailleurs, sont des nôtres.

Sous de tels maîtres que ne pouvaient les disciples ! Tout à l'heure on vous dira leurs travaux, leurs succès. Je dois vous dire que dans toutes les classes de la société nos frères ont pris rang, tenu haut et ferme leur drapeau, fait honneur à leur devise : « *Virtute et scientiâ !* » Dans la chaire, dans les lettres, dans les sciences, dans l'armée, dans le barreau, dans l'industrie, dans les arts, dans les œuvres sociales ou d'éducation... a passé l'âme de La Chapelle ! Le clergé orléanais, Monseigneur, est de ceux que de nombreux évêques envient à votre diocèse. Il n'est donc pas surprenant que le Souverain Pontife ait offert à plusieurs de nos prêtres les honneurs de la Prélature, les dignités épiscopales, les charges d'une Nonciature ou la pourpre cardinalice.

Le souffle puissant qui donna l'inspiration à nos maîtres ou à nos frères et rayonna d'Orléans à Lyon, d'Évreux à Chambéry, de

Marseille à Rennes, de Tricarico à Bénévent, de Delcon à Zéla, à Monaco, à Laval, à Chartres, à Nantes, à Nice ; ce souffle n'est pas encore éteint et suscitera, près de nous, les évêques de... demain. Heureusement pour La Chapelle, heureusement pour nous, mes chers camarades, Notre-Dame-des Anciens n'a pas ouvert trop tôt son manteau et nous en garde quelques-uns encore, ici, pour notre *Cinquantenaire.*

Le grand athlète de la France et de l'Église, « qui n'a pris son premier repos que sous le marbre de son tombeau, » s'est tu, depuis vingt ans bientôt, mais il a laissé à ses fils sa voix et son amour pour toutes les nobles causes, son culte pour Jeanne d'Arc... Vous nous l'avez montré, Monseigneur ! — Il inspira les Bougaud, les Lagrange, les Baunard, les Laroche, les Vié, les Mouchard, les Lemoine, les Gasnier... Mort, il nous parle encore ! Son souffle passe toujours dans la chaire de Sainte-Croix ! Il fut l'âme de La Chapelle.

Combien des nôtres sont tombés autour du grand chef et qui furent aussi une partie, une noble partie de cette âme. Maîtres ou élèves — on vous dira leurs noms tout à l'heure — nous les sentons près de nous, ce soir. Ces effluves mystérieuses qui font vibrer, au même instant, les âmes à distance, nous unissent à eux, en ce moment, dans la plus intime télépathie fraternelle.

Avec eux, avec vous, je salue dans le passé, je salue dans le présent, je salue dans l'avenir, *l'âme* de La Chapelle !

Au Docteur Arqué succède M. Arthur Johanet. L'éminent avocat a bien voulu, cette fois encore, donner à notre fête l'éclat de sa parole.

MESSEIGNEURS,
MONSIEUR LE SUPÉRIEUR,
MESSIEURS ET CHERS CONDISCIPLES,

Saluons avec joie le couchant du premier demi-siècle de notre bel établissement de La Chapelle. Aussi bien, c'est aujourd'hui un anniversaire heureux. Tout n'est-il pas au mieux, en effet, quand le souvenir du passé est plein de charme, le présent prospère, l'avenir rayonnant d'espérance ?

Ah ! jeunes gens qui êtes encore assis sur les bancs de l'école, ou vous qu'une olympiade à peine sépare de cet heureux moment, laissez-nous, laissez aux Anciens la consolation du souvenir.

Pour le voyageur parvenu au terme de sa course, le souvenir c'est le voyage recommencé sans fatigue — c'est la beauté de la route sans la poussière du chemin — ce sont les aspects grandioses de la montagne sans la roideur de la pente qui y conduit — c'est la mer bleue sans la tempête.

Pour l'Ancien de La Chapelle, le souvenir, ce sera l'arrivée dans cette maison en 1840, ces murs étonnés de nous recevoir, les nouveaux hôtes cherchant leur voie à travers l'inconnu. C'est notre réveil du lendemain au milieu d'une campagne verdoyante et d'une nature ensoleillée, remplaçant les murailles noircies et le pavé de la ville ; notre expansion joyeuse, animée, étonnée, à travers les cours, les quinconces, la terrasse de l'Évêché, les allées de votre beau parc ; notre première promenade au bord de la Loire, nos processions de Fête-Dieu dans la *Vallée Suisse*, nos grandes promenades à la fête du Supérieur ; nos classes, nos jeux, nos études, nos récréations, nos parties de barre interminables, les espiègleries enfantines à travers lesquelles se reconnaîtraient aujourd'hui, en souriant, plus d'un personnage devenu grave, telle Éminence digne de tous les respects. Ce sont les années d'enfance et de jeunesse, si rapidement écoulées, si accessibles aux impressions, si portées à l'admiration de tout ce qui est grand, noble et beau, si ouvertes à l'enthousiasme ; à l'enthousiasme, apanage de la jeunesse et de l'enfance ! Oui, le souvenir, mes amis, c'est tout cela, et tout cela sans les petites misères inséparables de la vie de l'écolier, sans le tintement d'une cloche trop prompte à sonner la fin d'un jeu animé ; sans ces légères punitions, toujours méritées, que nous appellions, je crois m'en souvenir, des *pensum* et que vous ne connaissez assurément plus maintenant — sans les aspérités du thème grec, sans les difficultés plus grandes encore de la composition de vers latins.

Oh ! le vers latin ; il mérite bien, aujourd'hui, une mention spéciale. Il est, lui aussi, presque un *ancien*. Attaqué de toute part, abandonné par les meilleurs, vous êtes ses derniers fidèles, et encore le considérez-vous un peu comme un souvenir; vous le respectez comme une antiquité vénérable, sorte de momie égyptienne que bientôt vous entourerez de bandelettes sacrées. Nous, nous l'avons connu dans toute sa gloire ; nos professeurs nous disaient qu'avec lui nous parlions le langage des dieux, douce illusion que nous parvenions à partager. Je le vois d'ici, il avait un visage virgilien et marchait d'ordinaire sur six pieds bien comptés. Il est vrai que parfois nous lui en donnions un de trop, ce qui ne valait rien; ou que nous lui en donnions un de moins, ce qui ne valait pas mieux. Mgr Dupanloup fut son dernier défenseur, et c'est le plus bel éloge que l'on puisse faire du vers latin. Je crains que ses jours soient comptés; dans un temps peu éloigné, cette tendre fleur tombera fanée dans l'une des plates-bandes de vos jardins, « *Volvitur Euryalus leto* », coupée par le rude passage d'un théorème de géométrie, « *succisus aratro...* » Brûlons un dernier grain d'encens sur son autel abandonné. Saluez le vers latin, Messieurs, vous ne le reverrez sans doute plus au prochain Cinquantenaire.

Le souvenir ! ce sera l'image de Mgr Fayet, le fondateur de cette grande œuvre, avec son fin sourire et sa spirituelle bonhomie. Ce sera Mgr Dupanloup venant tout animer ici de sa présence, de sa verve et de sa flamme.

C'est cette pléïade de supérieurs et de professeurs, éminents et dévoués, que je voudrais pouvoir tous nommer, dont plusieurs m'entourent en ce moment. Qu'il me suffise d'évoquer, parmi ceux qui ne sont plus, les noms de Mgr Place, du vénérable abbé Hetsch, de Mgr Laroche, de Mgr Renaudin... N'avais-je pas raison de vous dire que nous pouvons être fiers de nos souvenirs ? Nous sommes de bonne maison, ce me semble, et nous pouvons nous glorifier de nos aïeux.

Le souvenir ! C'est l'éveil de nos premiers goûts littéraires, au sein de notre Académie de La Chapelle, alors que Paty, le grave abbé Paty, chantait en une poésie, digne reflet de Casimir Delavigne, le récent anniversaire de Pie IX.

Vous souvient-il aussi de vos séances littéraires qui ont porté si haut et si loin la renommée de La Chapelle, quand nos jeunes Rhétoriciens interprétaient si bien, en leur langue harmonieuse, les chefs-d'œuvre de la tragédie grecque? Je crois assister encore à la plus mémorable de toutes. Notre grand Évêque venait d'être élu membre de l'Académie française. Il présidait notre séance littéraire, entouré des plus illustres de ses collègues, Prévost-Paradol, Saint-Marc Girardin, M. Lenormant, Villemain. Ce dernier, déjà chargé d'ans et de science, mais toujours jeune d'esprit, jouissait de toute son âme de lettré. Il traduisait son admiration par des applaudissements bruyants et par une sorte de grognement qui était, ce soir-là, chez lui particulièrement admiratif ou hellénique, je ne sais trop comment le qualifier. Le succès fut complet ; le lendemain, dans les journaux les plus autorisés, paraissaient des articles élogieux pour les Rhétoriciens de La Chapelle, signés par les plumes les plus académiques.

Et vos distributions de prix, et vos succès, et vos couronnes que vous croyez fanées, mais que vous reverrez demain de nouveau verdoyantes sur les fronts de nos jeunes condisciples, que ne pourrais-je en dire ? L'une de ces distributions (c'était en 1867, je crois) nous réservait une charmante surprise. Monseigneur était absent, nous le supposions dans la montagne ; il ne devait donc pas nous présider. Il apparaît soudain, à midi, ici même, à l'heure de la solennité. Ses chaussures sont encore recouvertes de la poussière du chemin, le négligé de son vêtement révèle la rapidité du voyage. Il nous préside et nous éblouit par une série de citations d'Horace et de Virgile, qui constitue l'un de ses plus aimables discours. On eût dit autant de roses des Alpes rapportées de son pèlerinage d'Einsielden !

Vous souvient-il enfin de cette admirable soirée d'été, à l'inauguration de la grotte de Saint-Mesmin et de la croix de Micy, quand devant tout Orléans accouru sur cette rampe qui domine la Loire, notre grand Évêque, le plus grand sans doute de son époque, le front haut et l'œil en feu, célébrait les antiques gloires de Micy et saluait notre beau fleuve de Loire en le bénissant et le qualifiant de « plus beau et de plus français de tous les fleuves de notre pays » ? C'était superbe.

Je m'arrête... je pourrais me souvenir longtemps, me souvenir toujours. Décidément, Messieurs, Virgile avait raison : Il est doux de se souvenir...

Mais le souvenir ne suffit pas en ce jour. Un anniversaire est aussi la fête de l'amitié et de la reconnaissance. Souvenir, amitié, reconnaissance, ce sont les trois fruits d'un même arbre, ou plutôt le souvenir en est la fleur, l'amitié et la reconnaissance en sont les fruits. Comment, en effet, se nouent et se maintiennent les amitiés de l'enfance, les plus solides, les meilleures après celles de la famille, si ce n'est dans la communauté des mêmes sentiments, des mêmes labeurs, des mêmes jeux, et dans leurs souvenirs ? L'amitié est vraiment la prolongation du souvenir. Mais si elle en est le fruit le plus doux, la reconnaissance en est encore le plus exquis. Pour moi, je le déclare, quand je parcours ces classes, quand je prie dans cette chapelle, il me semble entendre des voix secrètes qui me rappellent et me répètent les leçons de nos professeurs, les principes qu'ils ont inculqués dans nos esprits, principes qui ont été notre meilleure préparation aux luttes de la vie, notre soutien au cours de ces cinquante années et qui sont l'honneur de nos vieux ans. La reconnaissance ne vous semble-t-elle pas le couronnement du souvenir ? — Voici pour le passé.

Un seul mot du présent :

Comment en parler sans quelque mélancolie ? Il y a trente-trois ans, quand je fus chargé d'inaugurer nos réunions triennales d'anciens élèves, il nous plaisait de sourire du titre que nous imposait la situation. Nous étions alors de *jeunes Anciens*. Nous voici devenus de véritables Anciens... et je pourrais me servir d'une expression moins consolante encore... Mais dissipons cette ombre... Aussi bien il s'agit, non pas de nous, mais de cette Maison.

Elle, après cinquante années, elle est toujours jeune de gloire. Son air est aussi pur, son cadre aussi beau, ses murs se sont allongés en deux longs bras qui ont doublé son espace, et aujourd'hui sa chapelle, c'est-à-dire son âme, vient de se dilater sous l'œil de Dieu et sous l'inspiration de deux Anciens de La Chapelle, au talent desquels je suis heureux de rendre un délicat hommage.

Ses succès sont plus éclatants que jamais, ses disciples plus nombreux aussi ; le collège de ses professeurs, plus distingués encore par les talents que par leurs grades, est à la hauteur de son grand rôle.

Vous, Monsieur le Supérieur, vous êtes le digne continuateur des plus illustres de ceux auxquels vous avez succédé. Je ne vous louerai pas, la tâche serait trop longue. Je veux émettre seulement un vœu, bien égoïste assurément, mais auquel beaucoup s'uniront. Demeurez, demeurez longtemps encore à la tête de cette Maison... au risque de retarder de plus brillantes destinées. Lesquelles? je ne le dirai pas ; il me serait trop facile d'être bon prophète.

Heureuse Maison ! les hautes protections aussi ne te font pas défaut. A Mgr Fayet avait succédé Mgr Dupanloup ; à Mgr Coullié a succédé Mgr Touchet. Vous le voyez, mes amis, la couronne de notre Séminaire est faite tout entière de pierres précieuses. Je n'ai pas à dessein parlé de Mgr Coullié en vous entretenant du passé, car il est bien nôtre, notre protecteur et notre ami. Absent aujourd'hui, son cœur est avec nous. Il me permettra de lui adresser, à travers l'espace, les vœux et les respects des Anciens de La Chapelle et de les déposer au pied de son siège primatial.

Monseigneur, permettez-moi d'être près de vous l'interprète des sentiments des anciennes générations de La Chapelle. Combien il nous est doux de savoir les destinées de notre chère Maison confiées à vos vaillantes mains ! Vous l'aimez déjà de votre grand cœur, vous l'animerez de votre souffle. Ces jeunes gens, vous les entraînerez par la flamme et la pourpre de votre éloquence. La jeunesse, Monseigneur, aime l'éloquence, comme l'aimaient les Athéniens, comme l'aimaient, dit-on, nos pères les Gaulois, comme l'aiment et l'aimeront toujours les avocats. Voilà pourquoi nous aimons votre puissante parole, qui a su (chose rare) remporter, en moins d'une année, deux victoires incomparables : la victoire de Coulmiers (je parle de la vôtre, Monseigneur, gaghée au mois de novembre dernier), et la victoire d'Orléans, gagnée, dans la chaire de Sainte-Croix, au 8 mai de cette année.

Oui, heureuse Maison, tu es toujours aussi riche en succès, en disciples, en maîtres, en protecteurs éminents. Arrivée au premier tournant de ce demi-siècle de ton existence, tu entres dans ton adolescence. Tu peux revêtir aujourd'hui la robe virile. Ton nom, nous pouvons l'inscrire avec orgueil sur le livre d'or des grands établissements d'éducation littéraire et chrétienne, entre Juilly et

Sorèze, tes sœurs aînées, entre Vaugirard et Arcueil, tes sœurs plus jeunes.

Je ne vous parlerai pas, Messieurs, du *lendemain*. L'avenir est un livre fermé, ne l'ouvrons pas. D'ailleurs, les splendeurs du passé, la prospérité du présent nous sont les plus sûrs garants de l'avenir. J'ai salué le couchant de notre premier demi-siècle d'existence ; laissez-moi dorer de nos espérances l'aube naissante du second demi-siècle qui commence. Un autre en décrira les merveilles... Je voudrais que ce fût l'un de mes petits-fils...

La suite dans cinquante ans !

C'est le doyen de nos anciens professeurs, M. l'abbé Aubert, qui répond à M. Johanet.

MONSEIGNEUR,
CHERS ANCIENS,

Le Comité des Anciens a jugé que, dans cette fête du cinquantième anniversaire de la fondation du Petit-Séminaire de La Chapelle Saint-Mesmin, il convenait qu'un des maîtres de cette première époque vous adressât la parole. Il n'y avait pas beaucoup à choisir. Si, à chaque triennat, vous voyez, avec tristesse, s'allonger la liste de vos Anciens disparus de ce monde, les maîtres ont dû naturellement partir les premiers. C'est donc au titre de survivant des premiers maîtres que j'élève la parole dans cette fraternelle réunion. Ma tâche sera de vous redire les origines de notre cher Petit-Séminaire de La Chapelle. Il y a toujours charme et profit à remonter aux origines; aussi bien pour ceux qui ont eu l'avantage — peu envié — d'en avoir été les témoins que pour ceux qui sont venus plus tard.

Ce fut un beau jour pour vos aînés, maîtres et élèves, que celui où ils prirent possession du Petit-Séminaire de La Chapelle Saint-Mesmin. N'allez pas croire pourtant que la simplicité de l'ancienne maison ait attristé ou attiédi notre jeunesse. Nos classes étaient sombres ; l'amour du Beau venait les illuminer. Nos cours étaient étroites, nos jeux n'en étaient que plus animés. Nos dortoirs étaient bas et exigus ; on y dormait d'un bon sommeil. Nous étions pressés sur les bancs de notre modeste Chapelle ; on y priait avec piété et ferveur. Laissez-moi vous le dire dans cette fête de famille : toutes les fois qu'il m'arrive de revoir ces lieux où se sont écoulées les années de ma jeunesse, je n'y retrouve que des souvenirs joyeux et charmants, je n'y réveille que des échos édifiants et purs. Ce sera sans doute aujourd'hui la dernière fois que j'aurai l'occasion d'envoyer à ces temps lointains un hommage public : saluons-les ensemble d'un souvenir pieux et reconnaissant. Saluons les hommes vénérables qui, après les jours de la persécution et de l'exil, ouvrirent cet asile à la jeunesse chrétienne de notre Orléanais. Comme ceux qui, au lendemain de la captivité de Babylone, relevèrent les murs de Jérusalem, ils purifièrent le sanctuaire, rassemblèrent les pierres de l'autel, et rendirent la vie à l'Église de France. Je voudrais pouvoir vous les nommer tous. Rappelons, du moins, avec un respect ému, le nom si populaire de M. Mérault, qui a consacré à cette œuvre de restauration religieuse sa grande fortune et le zèle d'une longue vie, et, après lui, ceux de M. Dupré et de M. Poiré. Ils dirigèrent ensemble l'ancien Petit Séminaire ; ils nous ont conduits jusqu'au seuil du nouveau.

Cependant on aspirait pour le Petit Séminaire à un état meilleur. L'œuvre fut longue et laborieuse. Enfin, l'homme de la Providence nous fut envoyé. Ce fut Mgr Fayet. Il était à cette époque un des prêtres les plus marquants du clergé français, grand orateur, écrivain éloquent, administrateur habile et hardi. Sous la Restauration, au sortir du Séminaire de Saint-Sulpice, et tout jeune encore; il avait collaboré dans les missions de France avec les Rauzan et les Forbin-Janson, dans la presse religieuse et politique avec les Bonald et les Châteaubriand, dans l'Université avec Mgr Frayssinous, ministre de l'instruction publique, qui l'avait nommé inspecteur général de l'enseignement. Plus tard, devenu vicaire-général et conseiller intime du cardinal de Croï, archevêque de Rouen, il jeta sur l'administration de ce diocèse un lustre qui le mit lui-même en grande évidence. Chaque année, les mandements de carême du cardinal étaient attendus de tous les diocèses, parce qu'on savait de quelle plume ils sortaient. Il ne fit que passer à la cure de Saint-Roch, à Paris, et enfin, nommé évêque d'Orléans, il succédait à Mgr

Morlot, devenu archevêque de Tours. C'était en 1843. Peu de mois après son arrivée, le château de La Chapelle est acquis, les plans sont dressés, le terrain déblayé, la première pierre posée au milieu du concours de tout le clergé du diocèse rassemblé pour la retraite ecclésiastique. Nous chantions avec enthousiasme les paroles des Juifs retournant de Babylone à Jérusalem : « *Lætatus sum in his quæ dicta sunt mihi : in domum Domini ibimus.* » Ce fut un jour de grande joie. C'était au milieu de l'été de 1844. Deux ans après, l'œuvre était achevée.

Figurez-vous, chers anciens, ce que fut pour nous la rentrée du 14 octobre 1846. Je vois encore les élèves, anciens et nouveaux, émerveillés de leur nouvelle et grandiose demeure, parcourir ces galeries, contempler ravis la cour d'honneur encadrée de ces études spacieuses; de ces classes rangées l'une près de l'autre comme des sœurs, et conduisant du lieu du travail à celui de la prière. Puis, ils montaient aux vastes dortoirs, ils escaladaient les étages jusqu'au belvédère. Là, ils restaient ébahis devant le splendide horizon : à leurs pieds c'est la Loire qui, à ce moment, rentrait à peine dans son lit après la terrible inondation de cette année 1846 ; au delà, ce sont les champs où fut Micy, traversés par la ligne verdoyante du Loiret. A gauche, en remontant le fleuve, c'est le pont d'Orléans, ce sont les tours de Sainte-Croix qui s'élèvent au-dessus de la ville, de ses églises et de ses monuments. A droite, en descendant, leur vue se reposait sur le cours de l'imposante rivière et suivait la courbe majestueuse qu'elle décrit en disparaissant dans le lointain.

Au milieu de tout ce mouvement, on vit apparaître la grave physionomie du vieil évêque, il regardait silencieusement ce spectacle qui remuait doucement son cœur ; il suivait de son regard perçant et attendri ses nombreux et joyeux enfants ; il bénissait Dieu de lui avoir permis de mener à bonne fin, en si peu de temps, une œuvre dont le projet avait occupé plusieurs générations. Il avait pourtant un regret au cœur : il s'était vu forcé de restreindre les proportions de la chapelle, et de confier à l'avenir le soin d'exécuter le plan primitif. La Providence réservait au cinquantième anniversaire et à votre piété filiale, chers Anciens, de le reprendre et de lui restituer une étendue qui donnera une égale satisfaction à l'art et au nombre croissant des élèves.

Donc, ce jour-là, votre maison, qui quelques années plus tard devait recevoir d'une bouche amie le surnom de Palais de l'éducation chrétienne, sortait toute fraîche, toute flamboyante de blancheur et d'une grâce sévère, des mains de l'ouvrier. Nous eûmes comme une vision de ce que deviendrait le Petit Séminaire de La Chapelle Saint-Mesmin. La vision, je vous l'assure, fut belle et riche de promesses. Aujourd'hui, nous pouvons le dire en toute vérité, la promesse a été dépassée par la réalité.

L'édifice était debout : des maîtres choisis, de nombreux élèves vinrent lui donner une âme et une voix. Les maîtres ! sera-t-il permis à l'un d'entre eux de répéter ce qui fut dit alors : C'était une élite ! A leur tête était M. Lecointe qui fut le premier supérieur ; homme distingué par son esprit, son usage du monde et le culte des lettres, il recherchait et stimulait dans ses élèves les talents naissants. Ce fut lui qui fonda l'académie. Parmi les premiers travaux qu'elle produisit, on se souvient de l'Ode à Pie IX.

Après lui, c'était M. Sutin, préfet des études et professeur de philosophie ; fin lettré, âme toute sacerdotale, attiré quelques années plus tard de la cure d'Olivet à la compagnie de Saint-Sulpice, où il prolonge encore aujourd'hui une existence des plus méritantes et des plus fécondes pour le bien. C'était M. Renaudin, professeur de rhétorique, destiné à devenir Mgr Renaudin, futur fondateur du Petit Séminaire de Sainte-Croix, et lien de deux maisons sœurs ; dès lors sa vocation se révélait par un dévouement plus que paternel pour la jeunesse. C'était encore M. Guiot, le poète spirituel et facile, l'émule des Ducerceau et des Gresset ; M. Brugère, intelligence puissante et vaste, âme candide et forte, esprit encyclopédique, littérateur et philosophe, théologien et historien ; lui aussi, après avoir été un des meilleurs ouvriers du Petit Séminaire de La Chapelle, devint un des maîtres renommés de la compagnie de Saint-Sulpice.

Vous ne me pardonneriez pas d'oublier celui dont le pinceau facile a décoré les murs de vos salles, et rendu la vie aux grandes figures qui forment une couronne traditionnelle suspendue au-dessus de vos têtes, M. Dumontel, le seul de nos vieux amis auquel aujourd'hui je puisse tendre une main fraternelle.

Après avoir rappelé les premiers maîtres, je dois vous parler des élèves. Vous pouvez en juger par vous-mêmes : deux d'entre eux viennent de se faire entendre avant moi.

Promoteurs et soutiens fidèles de votre association, ils vous ont habitués à acclamer dans vos réunions triennales leur parole fraternelle et sympathique. Par ce qu'ils ont été depuis, vous pouvez penser ce qu'ils étaient alors. Le corps médical de notre ville s'honore de compter le premier parmi ses membres les plus appréciés ; l'autre a soutenu le lustre et les traditions de sa famille au barreau d'Orléans.

A la tête de la première rhétorique nous lisons le nom de Louis Baunard. Nous le retrouverons tout à l'heure parmi les maîtres, et plus haut encore, à l'Université catholique de Lille.

Ainsi marchaient les destinées du Petit Séminaire. Elles allaient s'accomplir avec gloire. Quelques années s'écoulent, Mgr Dupanloup devient évêque d'Orléans. Quelque grand qu'il ait été comme évêque, il restera avant tout le grand éducateur. L'ancien supérieur du Petit Séminaire de Saint-Nicolas était dès lors invest du plus haut prestige. Dans les luttes mémorables pour la liberté d'enseignement, il avait été un des plus vaillants champions de la cause catholique. Il venait de la faire triompher au sein de la commission d'où sortit la loi de 1850.

Ce fut au Petit Séminaire de La Chapelle qu'il acheva son œuvre ; ce fut là qu'il écrivit son grand ouvrage de la Haute Éducation, et qu'il en fit à une jeunesse nombreuse et ardente la plus large application.

Pour juger de ce qu'il était alors, il faut l'avoir vu à l'œuvre, dans ces premières années, créant de la base au sommet l'organisation religieuse et classique de la maison, descendant dans tous les détails dont aucun ne lui échappait. En parlant de ses règlements d'étude, il disait lui-même : « J'y ai mis le sang de mon cœur. » Il trouva de vaillants auxiliaires : le P. Champeau, qui laissa dans bien des âmes de jeunes gens des traces ineffaçables et suscita des vocations sacerdotales et religieuses dont l'Eglise s'est applaudie ; M. l'abbé Place, depuis supérieur du Petit Séminaire de Paris, auditeur de Rote, évêque de Marseille, archevêque de Rennes et cardinal.

Les professeurs étaient la plupart ceux de l'âge précédent, auxquels vinrent s'adjoindre M. l'abbé de Gabriac, qui fit ici ses premières armes dans l'enseignement, noviciat auquel il conserve un si fidèle souvenir, M. Baunard, d'élève devenu maître ; il préludait à ce qu'il a été depuis, l'auteur de tant de livres d'hagiographie renommés en France et dans l'Eglise, le recteur éminent des Facultés catholiques de Lille. Avec M. Godefroy, aujourd'hui curé de Montargis, il prit l'initiative de faire représenter par les élèves les principaux chefs-d'œuvre d'Eschyle, de Sophocle et d'Euripide, étonnés de retrouver, après tant de siècles et si loin d'Athènes, une scène où les applaudissements ne leur manquèrent pas.

Parmi les élèves, nommons à la hâte : Pierre Pasty, qui écrivit l'*Ode* à Pie IX ; Pierre Foucard, religieux et missionnaire, mort évêque de Zéla; Alphonse Arqué, Charles Clair, tous deux membres de la Compagnie de Jésus, le premier missionnaire, le second auteur de livres aussi spirituels qu'érudits; Henri Despierres, Paul Duchemin et tant d'autres. Ils montrent le chemin aux générations suivantes qui continuent la tradition et maintiennent, chaque année, par leurs succès dans les examens et les écoles, le renom du Petit Séminaire de La Chapelle.

Quelles que soient dans l'avenir ses destinées, il restera le Petit Séminaire de Mgr Dupanloup. L'époque du grand évêque sera son âge héroïque: Ce chef illustre a eu l'heureuse fortune de laisser après lui de fidèles continuateurs de son œuvre. Vous savez avec quel soin pieux Mgr Coullié a recueilli l'esprit de celui qu'il nommait son père et son maître. Mgr Touchet enseigne à la génération présente à conserver le culte et les leçons de son grand prédécesseur. Les supérieurs, comme les Evêques, ont été fidèles à cette tâche, depuis l'excellent et distingué M. Hetsch, qui a laissé après lui un si doux parfum de bonté et de sainteté, en passant par ceux que je ne nommerai pas parce qu'ils m'entendent, jusqu'à celui qui dirige aujourd'hui le Petit Séminaire et que je ne louerai pas davantage parce que tout le monde sait qu'il n'a pas besoin d'être loué.

Uno avulso, non deficit alter.

Tout en se pliant aux changements amenés par les circonstances et aux nécessités survenues dans l'enseignement, ils ont pris pour règle de maintenir au Petit Séminaire de La Chapelle la vraie et pure tradition littéraire, secondés par des maîtres pénétrés des mêmes doctrines, et qui les enseignent dans leurs leçons et dans leurs écrits.

Voilà, chers Anciens, votre histoire : voilà le passé et l'avenir du Petit Séminaire de La Chapelle Saint-Mesmin. Nous pouvons donc, en ce jour du cinquantième anniversaire, chanter l'hymne de la reconnaissance : « *Benedictio Domini super vos, super vos et filios vestros !* »

Tous ensemble, levons nos verres, et buvons avec joie et confiance :

Aux fondateurs du Petit Séminaire de La Chapelle Saint-Mesmin, à Mgr Fayet, à Mgr Dupanloup ;

Aux continuateurs de leur œuvre, à Mgr Coullié, à Mgr Touchet, aux supérieurs et aux maîtres, aux élèves !

Aux bonnes études ! A l'union indissoluble des lettres classiques et des lettres chrétiennes !

Quand les applaudissements ont cessé, se lève du milieu de l'assemblée un jeune officier, et d'une voix ferme et émue il prononce les paroles suivantes qui lui valurent une véritable ovation :

MESSEIGNEURS,
MESSIEURS,

Parler à ce cinquantenaire, devant une telle assistance, d'une œuvre aussi vivante aujourd'hui qu'à sa première floraison, aussi jeune, après tant d'années, que les blanches murailles de notre nouvelle chapelle, c'est affaire à de mieux exercés à la parole. — Cela sort aussi du cadre de l'éloquence militaire, si elle existe — n'en déplaise à nos professeurs de rhétorique, ailleurs que dans les chants des poètes, ces inventeurs, dans les livres des historiens, ces conteurs, dans les mémoires des vieux soldats, ces raconteurs.

C'est à elle, pourtant, que je veux demander une inspiration : à elle, ou, du moins, à son expression la plus haute, non pas figée sur le papier, mais vibrante sur les lèvres et dans les gestes des hommes, au commandement militaire dont le type est le mot et le geste « *En avant* ! »

Le mot est beau, Messieurs, le geste est plus beau peut-être. Le bras s'élève vers le ciel, pour être vu de loin, sans doute, mais aussi comme pour appeler d'en haut l'inspiration et l'autorité. Il s'abaisse ensuite lentement vers une direction précise que le chef prend lui-même en même temps qu'il la donne. Alors les hommes et les chevaux frémissent, les lignes s'ébranlent, les masses se précipitent... vers un simulacre aujourd'hui, vers l'ennemi demain, toujours vers le devoir.

En avant ! vers le devoir : n'est-ce pas le résumé de l'enseignement et de la formation morale à La Chapelle ? Et ici aussi, nos maîtres en soient bénis, au mot s'ajoute le geste. Le mot, ce seront les leçons simples, claires, élevées, qui aimantaient nos intelligences vers le beau, nos volontés vers le bien, sous la forme précise et pratique du devoir chrétien, et faisaient battre nos cœurs pour les symboles aimés qu'elles nous montraient proches l'un de l'autre dans les clartés de l'idéal, la croix et le drapeau. Plus éloquent encore, le geste c'est l'exemple de nos maîtres, de leur vie consacrée aux travaux de l'esprit, aux fatigues de l'enseignement, aux renoncements du prêtre et vécue sous nos yeux avec une bonté simple et affable que nous n'apprécions pleinement que plus tard, lorsque nous connaissons mieux les hommes et les choses du dehors.

Au dehors, hélas ! que de hautes intelligences, que d'âmes généreuses cherchent anxieusement le but et la loi de la vie, parce qu'elles n'ont jamais vu ou n'ont aperçu que dans un vague brouillard les hautes vérités, les grands devoirs, les *templa serena* que le jour de La Chapelle éclairait pour nous d'une si pure et si tranquille lumière. Nous, au contraire, si des nuages passent sur notre esprit, si quelques fumées troublent notre cœur, nous n'aurons qu'à rappeler nos souvenirs pour retrouver le point de direction qu'on nous donnait à La Chapelle, pour nous orienter encore vers Dieu, ce pôle moral, loin duquel les plus savants et les plus forts oscillent, comme des boussoles affolées, à tous les vents des opinions.

De hautes leçons, de nobles exemples pendant les années de l'éducation, de profonds souvenirs pendant toute la vie, voilà en ses enfants l'œuvre de La Chapelle. Ceux d'il y a cinquante ans, ses premiers-nés, en témoignent aujourd'hui avec ses derniers rejetons. Acclamée par eux, bénie par l'Église, qu'elle marche donc avec confiance vers l'avenir, et puissent les plus jeunes d'entre nous venir, les cheveux blanchis, la féliciter encore, comme une mère toujours jeune et toujours féconde, au jour de son premier centenaire, et lui dire encore, comme au soir de la cinquantaine, le mot de *l'action et de la victoire* : « En avant ».

Un rhétoricien de 1843, au Petit Séminaire de Paris, M. de Violaine, qui est venu se rajeunir en se mêlant aux Anciens de La Chapelle, dont il est fier d'être l'aîné, demande alors la parole pour acclamer avec eux son ancien Supérieur, Mgr Dupanloup, et son ancien camarade, Mgr Coullié.

M. le Supérieur de La Chapelle lui succède et, en quelques phrases vibrantes et très applaudies, il présente à NN. SS. les Évêques La Chapelle avec ses cinquante générations de fils ; il félicite les orateurs, qui ont exprimé en paroles si éloquentes, et tous les Anciens, présents ou absents, qui ont témoigné par des souscriptions si généreuses leur amour toujours fidèle pour leur vieille Maison. En quelques mois ils ont souscrit plus de 35.000 fr. pour lui donner une chapelle digne d'elle. Les Anciens de La Chapelle promettent beaucoup et donnent davantage. Le Supérieur compte sur eux pour achever leur œuvre. Il ne veut d'ailleurs rien ajouter à ces remerciements, parce qu'il est tard et qu'il se reprocherait de faire attendre plus longtemps aux Anciens une parole que toutes leurs âmes sont impatientes d'entendre.

Mgr Touchet clôt la série des toasts avec une entraînante improvisation qui produit la plus profonde émotion sur l'immense auditoire. Présentant les excuses et regrets du cardinal di Rende et de Mgr Coullié, il félicite les Anciens de leur magnifique souscription pour la chapelle. C'est une bien grande pensée d'avoir célébré le Cinquantenaire par l'inauguration d'une chapelle. Il y a là une protestation de foi et de respect des choses religieuses qui prouve que les Anciens n'ont pas oublié. C'est l'acclamation du nom de Jésus-Christ dominant toute la fête et s'incarnant dans une belle œuvre dont il faut remercier et les donateurs et l'Architecte.

Puisqu'il est en train de remercier, que l'Évêque remercie donc particulièrement, très particulièrement l'excellent Supérieur, M. Vié, l'âme de cette fête. Pour elle il a rencontré beaucoup de dévouement, beaucoup de sympathies ; mais la cause n'en est-elle pas dans son affabilité, sa bonhomie et toutes les éminentes qualités qui le distinguent ?

Rappelant le mot : En avant ! paraphrasé il y a un instant par un vaillant officier, Monseigneur s'en empare. Au surplus, qu'est-ce, sinon la parole de Jésus-Christ : *Duc in altum.* Ah ! est-ce qu'on ne le pratique pas, à La Chapelle, ce commandement du Sauveur ? Est-ce qu'on n'y va pas de succès en succès, toujours en avant ? Est-ce que sur vingt-huit élèves présentés, il n'y a pas eu vingt-six bacheliers reçus ?... Est-ce que les bonnes disciplines littéraires ne s'y gardent pas ?... Bravo aux élèves. Bravo aux maîtres. Mais Monseigneur demande plus et mieux que des diplômes ; c'est dans la vie qu'il faudra voir pratiquer le : En avant ! Il supplie donc les jeunes gens de ne marcher que sur la trace de leurs aînés qu'ils viennent d'entendre, les Johanet, les Aubert, les Arqué. Oui, s'ils doivent être avocats, qu'ils deviennent éloquents comme M. Johanet ; s'ils doivent être médecins, qu'ils se montrent dévoués et habiles comme M. Arqué ; s'ils doivent être soldats, qu'ils se montrent braves comme l'orateur militaire de tout à l'heure ; et, à ceux qui seront prêtres, qu'un jour ils apparaissent vénérables et respectés comme M. le Curé de Saint-Laurent ! Ce sera la meilleure récompense de leurs excellents maîtres. Enfin Monseigneur souhaite à tous d'être heureux dans leurs personnes et dans leurs familles, et, si le bonheur leur échappait, au moins qu'ils portent fièrement l'adversité ; ainsi, pratiquant la devise de La Chapelle : *Virtute et scientia,* qui flamboie en lettres de feu au-dessus de la salle du banquet, ils demeureront dignes de la noble maison qui abrita leur enfance et leur jeunesse.

LA SOIRÉE

Pendant que nous allons à la chapelle demander à Dieu une dernière bénédiction et prier pour nos camarades défunts, la cour d'honneur s'est transformée comme par enchantement. La table qui s'élevait sur l'estrade a disparu pour faire place à un *triclinium* antique ; sur les gradins de gauche,

un escalier communique avec la galerie du premier
étage ; sur les gradins de droite, éclairés à giorno, un
orchestre de quarante musiciens ; en face, des
rangées de fauteuils et de chaises : c'est la soirée qui
s'apprête. Sera-ce un spectacle ? Un concert ? Une
séance académique ? Rien de tout cela et tout cela.
Le comité avait décidé qu'au lieu de nous enfermer
sous les préaux devenus trop étroits nous resterions
dans notre cour d'honneur : de salle à manger elle
deviendrait salon, théâtre, au besoin fumoir et
buffet ; elle serait brillamment illuminée ; les gais
propos iraient toujours leur train ; cependant il serait
agréable d'entendre un peu de musique, des chants
de circonstance, voire même de la poésie ; si le
temps ne voulait pas contrarier ce programme il
aurait chance de plaire par sa nouveauté.

Or, le temps fut gracieux à souhait ; exécutée par
les soins de M. l'abbé Ramondot, curé de Saint-
Martin-sur-Ocre, l'illumination fut splendide, et
sous la direction de M. l'abbé Laurent, l'orchestre
et l'orphéon nous offrirent un fort beau concert.

SÉANCE MUSICALE

OUVERTURE

Marche Hongroise. Orchestre. . . . . H. KOWALSKI.

PREMIÈRE PARTIE

1. *La Chanson de la Cinquantaine* . . . Gabriel MARIE.
2. *A Notre-Dame des Anciens* . . . . . M. l'Abbé O. RIVET.
3. *A Monseigneur Dupanloup* . . . . . GOUNOD.
4. *Salut à Venise (Haydée).* . . . . . AUBER.

INTERMÈDE

LES ANCIENS A LA CINQUANTAINE

DEUXIÈME PARTIE

1. *Air du Roi Louis XIII. Orchestre.* . Henry GHYS.
2. *Le Beau Danube* . . . . STRAUSS.
3. *A Monseigneur l'Évêque d'Orléans* . . GOUNOD.
4. *L'Adieu.* (Finale de la Cantate de La Chapelle). . . . . O'KELLY.

Le programme était composé avec goût ; quelques grands chœurs d'une exécution difficile firent le plus grand honneur au chef et à ses chanteurs ; mais on applaudit surtout les morceaux qui se rapportaient à la Cinquantaine. La chanson du début est une perle, paroles et musique ; les Anciens l'avaient sous les yeux ; qu'on se figure un chœur de sept à huit cents voix répétant les couplets que voici :

La Chanson de la Cinquantaine

Oui, La Chapelle a déjà cinquante ans
Et tous ces joyeux revenants
Sont ses enfants
Que ce jour lui ramène.

Jeunes et vieux, qu'on s'en souvienne
Et qu'on reprenne
A l'unisson
Cette chanson
Du soir de la cinquantaine.

Ces lieux bien-aimés et charmants
Ont gardé leur printemps
Et je retrouve ici mes quinze ans
Malgré mes cheveux blancs.

Ici tout est riant comme autrefois,
Les fronts, les fleurs et l'ombrage des bois ;
En ces lieux
Rien n'est vieux.

C'est aujourd'hui qu'on fait ses noces d'or ;
Elle est âgée et pourtant jeune encor ;
Tout passe, hélas ! Mais elle, La Chapelle,
Est immortelle.

Le temps s'en va sans la faire vieillir,
Car chaque année elle voit accourir
De nouveaux fils qui lui refont sans cesse
Une jeunesse.

Citons, après ces gracieux refrains, les strophes émues inspirées par le souvenir, immortel ici, de Mgr Dupanloup ; si quelqu'un devait être fêté ce jour-là, c'était bien le grand homme qui n'a pas seulement donné à La Chapelle son âme et les traditions qui la font vivre, mais qui fut encore, selon la belle parole de Mgr Baunard, pour toute la France « un des pères de notre éducation chrétienne et nationale ».

A Monseigneur Dupanloup

Que la sainte flamme
Du Lien, de l'honneur,
De cette grande âme
Passe en notre cœur.

Il n'est plus là l'Ami de La Chapelle ;
Mais, quand il voit tous ses fils revenir,
Du haut des cieux il abaisse sur elle
Ses yeux de père et sa main pour bénir.

Il n'est plus là ; mais à sa place il laisse
Des successeurs qui savent, à leur tour,
Servir le Christ, la France et la jeunesse ;
Nous les aimons ici du même amour.

Il n'est plus là ; mais voici son image,
Voici les lieux pleins de son souvenir,
Voici ses fils qui lui rendent hommage ;
Tous comme lui veulent vivre et mourir.

La séance musicale fut interrompue par un intermède intitulé : *Les Anciens à la Cinquantaine*; c'était la partie académique et dramatique de la soirée.

Les vieux Grecs et les vieux Romains! Ils se sont invités d'eux-mêmes à notre fête ; ils ont eu raison, puisqu'ils sont ici chez eux. Voyez-les descendre majestueusement de la galerie du premier étage : voici Eschyle avec Sophocle, Cicéron devisant avec Platon, Horace au bras de Virgile ; un *impresario* les introduit et les reçoit sur le *triclinium* qui les attend. Cette apparition a dérouté tout d'abord les deux élèves qui s'apprêtaient à jouer une scène d'un autre genre ; mais ces vrais Anciens ont l'air si aimable qu'ils n'hésitent pas à se mêler familièrement à leur entretien d'outre-tombe et nous assistons à une spirituelle causerie sur le passé littéraire de La Chapelle. Écoutons plutôt :

Les Anciens à la cinquantaine

SCÈNE Ire
DEUX ÉLÈVES

A

Tout est prêt ; les trois coups sont frappés ; l'heure sonne,
A la fête je crois qu'il ne manque personne ;
Commençons.

B

Attendez ; je vois venir là-bas
Des groupes d'invités qui ne se pressent pas.

A

Priez-les poliment d'aller un peu plus vite.

4

B

J'y cours... Messieurs.

A

Eh bien ? vous n'osez plus ?

B

J'hésite ;
Leur front brille en marchant de tant de majesté
Que pour les aborder je suis déconcerté ;
Ce sont des étrangers.

A

Qui l'est à La Chapelle ?
Notre fête après tout n'en sera que plus belle ;
Entrez, Messieurs, entrez ; à nos jeux mêlez-vous.

HORACE

Nous entrons sans façon, car nous sommes chez nous.

SCÈNE II

LES MÊMES, ESCHYLE, SOPHOCLE, PLATON, CICÉRON, VIRGILE,
HORACE.

A

Que veut dire ceci ? Platon, Sophocle, Eschyle,
Suivis de Cicéron, d'Horace et de Virgile !

B

Serions-nous le jouet de quelque illusion ?

A

Je ne sais que penser de l'apparition ;
Mais, devant eux, comment douter de leur présence ?
Des fantômes n'ont pas si solide apparence.

B

Je n'en crois pas mes yeux.

HORACE

N'en doutez pas, enfants,
Quoique défunts jadis, nous sommes bien vivants
Et nous venons, au nom de Rome, au nom d'Athène,

Pour assister ce soir à votre Cinquantaine ;
Depuis un demi-siècle, on nous honore ici,
Nous sommes en retard pour vous dire merci.

A

Mon ami, que répondre ?

B

Allons ! un peu d'audace !

A

Décidément, ce soir mon rôle m'embarrasse ;
Car si nous attendions plus d'un noble invité,
Non, sur ces *Anciens-là* nous n'avions pas compté.

B

Mon avis est qu'il faut leur céder la parole
Et là, modestement, nous mettre à leur école.

SCÈNE III
ESCHYLE. — SOPHOCLE

SOPHOCLE

Vous reconnaissez-vous, Eschyle, dans ces lieux ?

ESCHYLE

Oui, nous avons ici triomphé tous les deux,
Comme nous triomphions autrefois dans Athène.

SOPHOCLE

Voilà bien le théâtre et voici bien la scène ;
Je cherche seulement notre grand ciel ouvert,
Et le panorama splendide de la mer,
Et notre horizon bleu coupé par les collines ;
Mais, puisque Athène seule a ces grâces divines,
Croyons que ce théâtre est celui de Bacchus.

A

Notre Loire, après tout, vaut bien leur Ilissus.

ESCHYLE

Ici se sont dressés les sommets du Caucase ;

Sous les traits foudroyants dont Jupiter l'écrase,
Ici mon Prométhée a bravé le tyran ;
Qu'il était beau, le vieux et farouche Titan !
Enchaîné, sa parole et son âme étaient libres.
Un vautour de son cœur doit dévorer les fibres ;
Qu'importe ? Il expiera le forfait immortel
D'avoir pour les humains ravi le feu du ciel ;
Bienfaiteur de la terre, il en est la victime.
Quand j'appris aux Enfers que mon héros sublime
Avait sur cette scène étalé ses douleurs,
J'ai béni le talent de mes nouveaux acteurs.
Par eux j'ai revécu les jours de ma jeunesse,
Des concours triomphants ils m'ont rendu l'ivresse.

SOPHOCLE

Vous l'ont-ils, ce plaisir, causé plus d'une fois ?

ESCHYLE

Ils ont redit encor la Grèce et ses exploits,
Les barbares par nous vaincus à Salamine,
Xerxès fuyant à Suse en pleurant sa ruine.
Et le colosse Perse à nos pieds abattu
Dans la grande journée où j'avais combattu.
De quelle âme ils chantaient l'amour de la patrie,
La liberté broyant enfin la barbarie
Et le monde futur sauvé par nos combats,
Qu'ils contaient, ces enfants, comme de vieux soldats !
Je n'ai rien oublié.

A

Sur ces gradins, ô Maître,
Si vous regardiez bien, vous les verriez peut-être.

ESCHYLE

Au nom du vieil Eschyle, enfant, s'ils sont ici,
Va les féliciter et leur dire merci.

B

Ils n'ont pas oublié les leçons que vos drames
Étalaient sous leurs yeux pour instruire leurs âmes.

ESCHYLE

Jadis, maître des Grecs, au bien je les formais,
Je suis plus fier d'avoir instruit des cœurs Français.

SOPHOCLE

Vos leçons, je l'avoue, ont été bien comprises ;
Mais deux fois seulement elles furent apprises.
Moi, je n'ai jamais vu décroître ma faveur,
Et mes héros ici sont toujours à l'honneur :
Électre armant le bras de son frère ; Antigone
Pleurant le sien ; Œdipe apportant à Colone
Le bonheur de la tombe où dormiront ses os
Philoctète souffrant dans l'île de Lemnos ;
Tous ces nobles enfants de mon heureux génie
Qui m'ont de notre scène acquis l'hégémonie,
Me l'assurent encore et, sur tout concurrent,
M'ont, ici comme ailleurs, gardé le premier rang.

A

Il est vrai, sans Sophocle, il n'est à La Chapelle
Ni bel amusement ni fête solennelle ;
N'était-ce pas hier, je m'en souviens encor,
Qu'Œdipe y retrouvait le repos et la mort ?

B

On ne se lasse pas, Maître, sur notre scène
D'acclamer le plus grand des poètes d'Athène.

SOPHOCLE

Il me semble revoir près de la thymélé
Le chœur prêt à chanter, en files assemblé ;
J'entends de leur concert la savante harmonie ;
O Jeunesse, fidèle au grand art, sois bénie.
    (*Chœur grec.*)

SOPHOCLE

Vous l'entendez, Eschyle, en ce nouveau concours,
J'ai gagné la couronne et la garde toujours.

ESCHYLE

De mon jeune rival voilà bien l'assurance !
Voulez-vous qu'entre nous la lutte recommence ?

SCÈNE IV
LES MÊMES, HORACE, puis VIRGILE

HORACE

Eh bien ! que faites-vous ? Pour l'honneur d'Apollon,
Ne troublez pas ce soir la paix de la maison ;
Qu'on se donne la main ; sinon cette chicane
Pourrait comme autrefois tenter Aristophane ;
Dieux ! s'il vous entendait, ce terrible rieur,
Comme il ferait sonner son sarcasme railleur !
Voyez si je dispute avec le doux Virgile.

VIRGILE

S'entendre avec Horace est chose si facile !
Aussi bien sur le point dont il m'entretenait
Pas de débat possible.

HORACE

        Et l'accord est parfait.

SOPHOCLE

Que disaient donc ces bons amis ?

VIRGILE

        Qu'à La Chapelle
A notre double culte on fut toujours fidèle.

A

Il est vrai, je ne sais qui, pendant cinquante ans,
De Virgile ou d'Horace on préféra céans.

HORACE

On apprend l'*Énéide*.

VIRGILE

        Et l'on traduit les *Odes*.

HORACE

On récite à ravir vos plus beaux épisodes.

VIRGILE

De votre *Art poétique* on respecte les lois.

A

Pour cultiver la Muse, on vous pille parfois.

B

Mais qu'on est fier d'avoir bien imité Virgile !

SCÈNE V
LES MÊMES, PLATON, CICÉRON

PLATON

C'est n'est pas très commun.

CICÉRON

                Et c'est fort difficile.

HORACE

La sagesse a parlé par la voix de Platon.

PLATON

Ajoutez l'éloquence au nom de Cicéron.

CICÉRON

Oui, nous pouvons louer à bon droit cette école,
Où la philosophie et l'art de la parole
Réunissent toujours un peuple d'écoliers,
A qui nos grands secrets sont presque familiers.
Ne vous semble-t-il pas qu'à votre Académie,
Ces gracieux bosquets et la rive endormie
De ce fleuve roulant ses flots silencieux,
Auraient offert un site aussi délicieux
Que vos fameux jardins baignés par le Céphise ?

PLATON

Certes, je m'y verrais sans aucune surprise ;
Mais, au lieu d'enseigner, je devrais maintenant
Entendre les leçons d'un Maître plus savant ;
On y prêche aujourd'hui le Dieu de l'Évangile ;
Platon l'écouterait en élève docile,
Car ces adolescents, qu'il instruit dans la foi,
Sur ce qu'il faut savoir en savent plus que moi.

CICÉRON

Cependant, quand il faut parler, c'est nous qui sommes

Les maîtres révérés de tous ces jeunes hommes ;
C'est à nous qu'on demande, à nous les vieux rhéteurs,
Le secret pour former ces futurs orateurs.

A

Vous dédaigner serait pour nous un sacrilège.

B

On vous honore ici mieux qu'en aucun collège.

CICÉRON

Elle est déjà bien longue et pleine de grands noms
La liste de tous ceux qu'ont formés nos leçons ;
Ces brillants avocats, ces éloquents apôtres,
Quels livres ont-ils lus plus à fond que les nôtres ?
Ils les ont si bien lus que j'aurais peur, je crois,
De reprendre avec eux mes luttes d'autrefois.

HORACE

Quoi, Cicéron modeste ! Ah ! c'est chose nouvelle !

CICÉRON

On est, mon cher Flaccus, très fort à La Chapelle.
Naguère un orateur, grand ami des anciens,
Y fit plus d'un discours que j'égalais aux miens ;
Pour l'honneur et le droit, sa bouillante éloquence
Pendant plus de trente ans a soulevé la France.
Cet orateur n'est plus, mais encore aujourd'hui
Dupanloup a laissé des fils dignes de lui.

HORACE

En aura-t-il toujours ?

A

    Sa race est immortelle !
Car à tous ses amours elle est toujours fidèle.

HORACE

Enfant, tout sol s'épuise.

B

    Et peut se rajeunir.
Non, le culte du beau n'est pas près de finir,
N'êtes-vous pas toujours nos modèles ?

HORACE

Tout passe ;
Sait-on ce que sera demain ?

PLATON

Que dit Horace ?

VIRGILE

Savez-vous quel avis il émet en riant ?

HORACE

Non, je parle ce soir très sérieusement.

SOPHOCLE

Parlez.

HORACE

Ah ! puissions-nous bien garder notre empire

HORACE

Pourquoi ce vœu plaintif et que voulez-vous dire?

HORACE

Je crains, hélas ! dans un avenir peu lointain,
De voir pâlir l'honneur du grec et du latin.

SOPHOCLE

Et quel signe avez-vous de cette décadence ?

HORACE

Ne nous traite-t-on pas avec indifférence,
Dans plus d'un vieux collège où jadis les régents
Pour maintenir nos droits étaient plus exigeants ?

VIRGILE

On se lasse de nous, nos amis se font rares.

PLATON

Les Français veulent donc redevenir barbares?

CICÉRON

Les ingrats ! peuvent-ils nous trahir à ce point ?

ESCHYLE

Seraient-ils assez fous ? Non je ne vous crois point.

HORACE

Je ne sais, mais sans faire aucune prophétie,
Je vois le goût périr et la suprématie
Que le laid chaque jour usurpe sur le beau,
Et j'ai peur que nos noms ne soient près du tombeau.

ESCHYLE

Daigne de ce malheur le ciel sauver la France !

SOPHOCLE

Son génie et le nôtre ont fait une alliance :
Chez les peuples nouveaux qu'en maîtresse elle instruit,
On verra dominer sa langue et son esprit
Tant qu'elle restera notre élève fidèle ;
Le jour où nos leçons la trouveraient rebelle,
Lorsque ses nobles fils ne nous comprendraient plus,
Lorsque de leur pensée on nous aurait exclus,
Comme un soleil pâli sans éclat ni puissance,
C'en serait fait, hélas ! de l'esprit de la France.

A

Et qui donc dans le monde entretiendrait le feu
Du vrai, du beau, du bien, dont la source est en Dieu ?
Ne craignez pas du moins que l'œuvre criminelle
Rencontre pour l'aider des bras à La Chapelle.
Oui, demain comme hier, ô maîtres vénérés,
Vos œuvres et vos noms seront ici sacrés.
Dût-on partout ailleurs vous reléguer dans l'ombre,
Dût la France marcher dans l'ignorance sombre,
Dussent tous les régents et tous les écoliers
Sourire en entendant vos grands noms oubliés,
Vous aurez des amis, des fils à La Chapelle ;
Si de la France entière, à sa gloire infidèle,
Tous les collèges, tous, osaient vous renier,
Le nôtre, à vous aimer, resterait le dernier.

B

Aussi, quand brillera le jour du Centenaire
Que le siècle prochain réserve au Séminaire,
Vieux Grecs et vieux Romains, ici, comme ce soir,
Venez encor ; nos fils viendront vous recevoir.

On applaudissait ces jolis vers et l'on s'unissait au souhait qui les termine, quand M. le docteur Fauchon, chargé du rôle d'*impresario*, s'avance et, faisant allusion à certaines libertés prises par les acteurs avec le libretto, dit : « Messieurs, la petite scène que nous avons eu l'honneur de présenter devant vous est de M. l'abbé Mouchard pour les bons vers, et pour les passages moins heureux de collaborateurs qui désirent garder l'anonyme. » Pardon, Monsieur le docteur, vous n'avez pas pleinement raison, car les applaudissements et les gais sourires qui ont accueilli ces passages que vous jugez moins heureux n'ont pas distingué entre les auteurs de cette petite scène.

Au reste, comment n'eût-elle pas charmé les spectateurs ? Elle était interprétée par MM. Émile Huet, Joseph Séjourné, Henri Desforges, André Perrault, Paul Leturque, et Paul Frizot ; citer ces noms, c'est rappeler les plus brillantes soirées dramatiques de La Chapelle.

La séance se termine, il faut partir. Un dernier chœur nous y invite non sans quelque tristesse, mais, dans cet adieu, il y a une recommandation que personne ne manquera et un vœu qui s'échappait à la fois de toutes les âmes :

O Fils du Séminaire,
Du jour qui va finir
Gardons le souvenir,
Gardons le souvenir de son Cinquantenaire ;
Et que dans cinquante ans
A leur tour nos enfants
Reviennent plus nombreux fêter le Centenaire.

C'est en répétant ce dernier refrain que les Anciens se séparent. Ils jettent encore un regard sur la cour d'honneur où brillent en lettres de feu, avec les dates de 1846 et de 1896, les noms des quatre Évêques d'Orléans, qui ont fait La Chapelle ce qu'elle était hier et ce qu'elle sera demain. Le spectacle alors est grandiose ; pendant que la fanfare sonne joyeusement la retraite dans le parc, sous les quinconces, dans les jardins du parloir et du château, les flammes de Bengale s'allument et semblent prolonger à l'infini les illuminations ; l'immense façade du Séminaire se détache dans une clarté plus vive, toutes ses lignes architecturales se dessinent en guirlandes étincelantes ; le spectacle est vraiment féerique, c'est l'apothéose lumineuse qu'on attendait ; on applaudit, on applaudit encore et l'on salue dans tous ces feux qui s'éteignent bientôt l'image d'une autre lumière, dont le foyer, allumé ici il y a cinquante ans, a jeté pendant un demi-siècle un éclat toujours grandissant et qui n'est pas près de s'éteindre : *ignis perpetuus ardebit.*

SÉANCE ADMINISTRATIVE

DE

L'ASSOCIATION AMICALE

————————×←

Rapport de M. le Dr Arqué, président

MESSEIGNEURS (1),
MESSIEURS ET CHERS CAMARADES,

C'est encore un sacrifice que je viens vous imposer, c'est le *douzième* depuis trente-trois ans ! Aussi pourquoi m'avez-vous condamné et vous êtes-vous condamnés, en même temps, vous-mêmes, au *pensum triennal*... à perpétuité ? Mais la consigne est de vous parler de notre *réunion des Anciens* et de l'*Association amicale* : le secrétaire obéit. Il ne veut pas d'autre excuse, il ne veut pas d'autre exorde : « c'est pour La Chapelle ! » Il est sûr à l'avance de vos suffrages : « c'est pour La Chapelle ! »

Et voilà trente-trois ans que nous nous réunissons, ici, pour la *Fête des Anciens*, un tiers de siècle ! Qu'eût dit Tacite, en ce jour, lui qui s'écriait : *Grande ævi spatium* ! Pour quinze ans seulement écoulés dans la vie d'un peuple. Un tiers de siècle : *grande, grande, grande, ævi spatium* !

Depuis trente-trois ans nous venons nous retremper au Séminaire mais, en même temps, lui continuer sa tradition, lui donner l'appui moral et effectif que d'autres institutions nous envient... Notre fidélité, celle de nos enfants, de nos petits-enfants trouble et fait gémir leurs défenseurs. Ils craignent — non sans motifs —

(1) Mgr TOUCHET, évêque d'Orléans, et Mgr DUPAL.

que leurs propres fils soient entraînés par le courant et par la contagion du bon exemple.

Inutile de vous rappeler, en ce moment, Messieurs, l'histoire de ces trente-trois années, — on vous la redira ce soir, — elle est dans nos meilleurs souvenirs, elle est dans nos recueils triennaux : livre d'or de l'Amitié. Chacun de nous peut s'y retrouver à côté de ses frères de La Chapelle. Aux jours sombres de la vie — qui n'en a pas ? — nous y cherchons un rayon de soleil, l'arc-en-ciel après la tempête.

Nous demandions à Notre-Dame des Anciens, il y a trois ans, de nous adoucir les douleurs de la séparation ; elle accompagnait nos vœux jusqu'à Lyon, et, si tous n'ont pas été réalisés, si nous ne pouvons, comme nous l'avions espéré pour le *Cinquantenaire* de La Chapelle, saluer l'Éminence et chez un troisième des nôtres la pourpre Romaine, nous saurons acclamer ce manteau d'honneur, dont le sacrifice au devoir a revêtu le Primat des Gaules.

L'Église a toujours son éternelle jeunesse et sa merveilleuse fécondité. Quand du tronc, dix-neuf fois séculaire, un rameau se détache, un rameau nouveau brille déjà. L'Église d'Orléans et le Séminaire de La Chapelle ont été particulièrement favorisés depuis cinquante ans. Nous le voyons encore :

> *... Uno avulso non deficit alter*
> *Aureus.*

L'archevêque de Lyon a accepté le titre de *Président d'honneur de l'Association amicale à perpétuité.* L'Association espère que le nouvel évêque d'Orléans, auquel elle se présente pour la première fois, daignera désormais être son *Président d'honneur de titre* et *de fait.*

Il faudrait pouvoir, Messieurs, passer en revue toutes les distinctions accordées à nos Anciens pendant ces dernières années, par la France et l'Église. Civils, prêtres, soldats, ont fait leur devoir dans les divers postes où la Providence les a placés... C'est : M. Rousseau, sénateur, conseiller d'État, nommé gouverneur général de l'Indo-Chine (1) ; — le général Lucas, promu

(1) Décédé depuis la réunion générale.

général de division ; — M. de la Guillonnière, qui nous revient de Madagascar, victorieux et lieutenant-colonel ; — le commandant Mortier, retour, lui aussi, de Madagascar, ainsi que le commandant du génie Félix Boullet, tous les trois officiers de la Légion d'honneur ; — M. Gaston de Montmarin, nommé chef d'escadron et tant d'autres... — C'est le Président d'œuvres sociales et charitables, M. Baguenault de Puchesse, que Sa Sainteté Léon XIII a honoré du titre de Comte romain ; — M. Charpentier, dévoué au bien sous toutes ses formes, qu'Il crée chevalier de l'Ordre de Saint-Grégoire-le-Grand. Nous ne pouvons en citer que quelques-uns.

Parmi les prêtres : Le R. P. Cormier, élu Procureur général de l'Ordre des Frères prêcheurs, à Rome ; — M. l'abbé de Bréon, élevé à la cure de Saint-Germain-l'Auxerrois, à Paris. — Mgr l'Évêque d'Orléans a ouvert l'insigne Chapitre de sa cathédrale à MM. Cochard et Fleury, dans lequel M. l'abbé Edmond Sejourné est promu doyen. — Dans ses conseils Sa Grandeur appelle comme Vicaires généraux, MM. Bruant, d'Allaines, Vié, Boullet... — Comme supérieur du Petit Séminaire de Sainte-Croix, M. l'abbé de Poterat.

Signalons la mention honorable accordée aux concours des antiquités nationales (Académie des Inscriptions et Belles-Lettres) à M. le chanoine Cochard pour son travail : « *La juiverie d'Orléans, du Ve au XVe siècle.*

Il faut, hélas ! vous parler de nos deuils. Le trop long nécrologe vous en sera lu ce soir, devant Dieu ; mais il est certains noms que vous ne pardonneriez pas au Président de l'Association amicale de ne pas relever dès maintenant.

Il y a trois ans, la Loire portait jusqu'à Nantes à Mgr Laroche le souvenir amical de notre Association, celui de ses frères et de ses élèves et voilà qu'aujourd'hui nous pleurons sur son tombeau. Ajouter un mot de plus après l'Évêque d'Orléans serait téméraire.

Il y a peu de jours, La Chapelle offrait un asile funèbre à notre ancien professeur de littérature sacrée, Mgr Lagrange, évêque de Chartres. Il n'avait pu, suivant son désir, reposer plus près de celui à qui il avait consacré sa vie. La même discrétion m'est imposée : d'autres célébreront le littérateur et l'évêque.

Je serai plus libre, en terminant, Messieurs, pour vous transmettre la *première* et la *dernière* leçon d'un maître, qui, pendant un demi-siècle, s'est donné, tout entier, à la jeunesse orléanaise.

Il y a cinquante ans, aux fêtes de Pâques de 1846, le jeune professeur de troisième du moyen Séminaire d'Orléans, M. l'abbé Renaudin, accueillait dans sa chambre un pauvre élève découragé, qui doutait de lui-même et dont tout le monde doutait. Il le conduisit par la main, de degrés en degrés, jusqu'aux sommets, où l'air pur vivifie, où la pleine clarté illumine. Il lui fit comprendre qu'il pouvait ce que les autres avaient pu. Il le fit vouloir. Il le fit persévérer dans l'effort, compris et voulu... Il l'avait sauvé.

Quel moyen puissant le maître avait-il employé? Son esprit délicat, sa vive intelligence, son entrain, sa flamme, son amour du beau et du bien, tout cela, mais mieux encore; il avait ouvert son cœur et le rayon sauveur avait jailli : la bonté. Saisi par elle, l'enfant s'était jeté dans ce cœur, et, depuis cinquante ans, il y est resté. Ni l'éducateur, ni le disciple n'ont jamais songé à se reprendre.

Ce qu'il avait fait pour un seul, M. Renaudin l'a fait depuis pour des milliers d'autres du moyen Séminaire à La Chapelle, de La Chapelle à Saint-Hilaire, de Saint-Hilaire au Petit Séminaire de Sainte-Croix, et personne de ceux-là ne s'est jamais repris.

Pour démontrer le mouvement, il marchait. Le premier debout, le dernier au repos ; tour à tour professeur, supérieur, économe, président d'étude, de récréation, de promenade, infirmier ou serveur ; de la chapelle à la classe, du réfectoire à la cour des jeux, au dortoir où ses rondes de nuit rassuraient les familles et le rassuraient lui-même, suivant ainsi le conseil du grand éducateur : « Soyez père, ce n'est pas assez, soyez mère pour vos enfants ! » Sans jamais mesurer le travail et ses forces, il se donnait et se donnait encore. Aussi, tous, collaborateurs, parents, élèves, marchaient à l'envi dans le sillon tracé par lui. Mieux qu'une leçon parlée, mieux qu'une leçon écrite, cette leçon vécue, vécue chaque jour, chaque instant, apprenait à tous, non pas à vouloir être quelque chose — rêve misérable de tant d'hommes aujourd'hui — mais à être quelqu'un, pour le bien, pour la famille, pour la patrie, pour la religion, et cela comme un vaillant

— car dans ce prêtre, il y avait du soldat — par l'abnégation, par le dévouement, par le sacrifice, par l'amour du devoir.

Cette première leçon du jeune maître, à son printemps, elle s'est continuée pendant plus d'un demi-siècle ! Il nous avait montré à bien vivre.

Aux fêtes de Pâques 1896 — cinquante ans plus tard — le vieux maître, en son hiver, nous apprenait à bien mourir.

Tout le monde a présentes à l'esprit les fêtes inoubliables du *Cinquantenaire* de Mgr Renaudin. Que d'heureux souvenirs ce triduum réveilla ! Que d'enchantements dans le présent ! Que d'espérances encore ! Il semblait que, pareil à ces robustes colonnes qui soutiennent les monuments, il resterait toujours debout ; que sa vigoureuse constitution le maintiendrait dans son poste de dévouement à vie. Dieu ne le voulut pas ainsi ; averti par la maladie et par des conseils amis, Mgr Renaudin demanda le repos. Quand il fut possible de le lui accorder, ses forces, de plus en plus diminuées, ne lui permettaient plus que de remplir rigoureusement ses devoirs de chanoine ; de faire des visites fréquentes au début, puis de plus en plus rares, à son cher Séminaire de Sainte-Croix ; enfin, de se recueillir dans la prière et la méditation pour se préparer à mourir. Ce fut son ultime leçon : après celle du devoir, celle du détachement.

Le départ du Petit Séminaire fut un sacrifice immense, un déchirement profond pour l'excellent Supérieur. Sa prière au pied de l'autel, pour dire son dernier « *Fiat* », son baiser à la porte de sa chère chapelle, qu'il avait tant de peine à quitter, arrachaient les larmes.

Et pourtant, nommé par son Évêque *Supérieur honoraire*, présidant toutes les Fêtes, il retrouvait un successeur et d'anciens collaborateurs, qui voulaient seulement le continuer et le perpétuer dans cette institution qu'il avait faite si grande et si estimée. Il retrouvait d'ailleurs à l'Évêché son premier appartement de Supérieur de son Séminaire, d'où il avait jeté les germes féconds de cet arbre qui, pareil à celui de l'Évangile, devait abriter tant de générations d'enfants. Il y retrouvait, pour lui donner l'illusion de la jeunesse, les chants de la Psallette et les cris des récréations comme autant d'échappées d'oiseaux. Il voulut y retrouver chaque jour et presque jusqu'à la dernière heure, au moins un élève qu'il pût initier au rudiment et aux premières invites de la vocation. Il s'y retrouva, pour s'appliquer au renoncement à tout et à soi-même, attentif seulement au dernier appel de Dieu.

Dès qu'il l'entendit, le bon serviteur inclina la tête : « Me voici, Seigneur ! » Il accepta la mort simplement, pour continuer à faire la volonté de Dieu : *Fiat !* Répondant lui-même aux extrêmes prières ! — Aimable et reconnaissant pour tous : « Merci de tous vos soins ! Et maintenant je vous recommande mon âme ! » Puis, au dernier jour, faisant allusion au céleste rendez-vous : « Au revoir ! Au revoir ! »

Les qualités si brillantes et si nombreuses de l'esprit et du cœur de Mgr Renaudin disparaissaient, s'effaçaient, pour ainsi dire, devant sa bonté, ou plutôt comme les étoiles harmonisent leur éclat dans l'azur du firmament, ses vertus formaient une parure de brillants, mis en valeur et sertis par la bonté. Elles ne faisaient plus qu'un entre elles et avec lui : le bon M. Renaudin ! Il était un de ces rares privilégiés dont le poëte pouvait dire :

> « D'une seule vertu, Dieu fit le cœur des justes,
> Comme d'un seul saphir la coupole des cieux. »

Il fut bon, tout entier, tout d'une pièce, toute sa vie, jusqu'à la fin, devant la mort.

Cette vie, cette mort, voilà les suprêmes leçons du Maître.

Est-il fini cet enseignement ? Nous le retrouverons dans cette campagne de prédilection où l'excellent Supérieur repose à portée des cours de récréation de ses enfants, au milieu de ses vignobles, renouvelés et cultivés avec un soin jaloux, à l'ombre des grands arbres, aux pieds de la Vierge bénie, qu'il avait instituée partout reine et maîtresse de son Petit Séminaire.

Nous le retrouverons, cet enseignement, dans sa bien-aimée chapelle des Minimes, d'où le cœur (1) de notre vénéré maître rayonnera sur tous les siens et fera jaillir, au cœur de chacun, une étincelle de sa bonté.

---

(1) Le cœur de Mgr Renaudin a été déposé dans la chapelle du Petit Séminaire de Sainte-Croix.

Rapport de M. Gustave Sejourné, trésorier.

I. — CAISSE DU COMITÉ DES ANCIENS.

Lors de la onzième réunion triennale, le 30 juillet 1893, la caisse du Comité n'était pas riche; sa situation se soldait, comme vous avez pu le voir dans le dernier compte rendu, par un déficit de 47 fr. 40.

Les cotisations pour la dernière fête et pour le banquet se sont élevées à 2,900 fr.

Les frais du banquet ont été de	1.527f.	50
Il a été payé à M. Jacob et à M. Pigelet	480	»
— à M. Chaput	5	40
— à M. Viossat	529	»
Il a été dépensé en frais divers	60	»
Les médailles 1894 et 1895 ont coûté	87	25
Le Comité a souscrit pour le monument à élever à la mémoire de Mgr Renaudin.	100	»
Le déficit annoncé ci-dessus étant de	47	40
Il reste en caisse	63	45
Somme égale	2.900f.	»

II. — CAISSE DE L'ASSOCIATION AMICALE.

L'Association amicale n'en est pas encore à ses noces d'or, comme le Petit Séminaire de La Chapelle; elle n'a même pas fait ses noces d'argent; elle ne compte encore que dix-huit années d'existence. Elle fut fondée lors de la sixième réunion triennale, le 28 juillet 1878, sous les auspices de Mgr Coullié qui en fut le premier souscripteur. Il m'a semblé intéressant, en ce jour du cinquantenaire de La Chapelle, de vous énumérer en quelques lignes ce qu'a été notre Association depuis sa fondation.

Années	Souscripteurs perpétuels	Souscripteurs annuels	Membres bienfaiteurs
1881	65	228	»
1884	76	254	3
1887	91	282	4
1890	119	322	6
1893	128	316	7

rd'hui 26 juillet 1896, il devrait y avoir 133 souscripteurs perpétuels et 317 souscripteurs annuels; mais, par suite des décès trop nombreux, hélas! par suite aussi de quelques rares démissions, le chiffre réel des membres de l'Association est de 412, parmi lesquels 121 souscripteurs perpétuels et 291 souscripteurs annuels, auxquels nous devons ajouter 8 membres bienfaiteurs.

C'est aux jeunes surtout que j'en appelle aujourd'hui pour venir grossir les rangs de l'Association; j'inviterai aussi les membres actuels qui seraient en retard pour le paiement de leur cotisation, de profiter de leur présence ici, et de régler un arriéré toujours difficile à recouvrer.

Après vous avoir énuméré le nombre des membres souscripteurs, il me faut maintenant vous dire quel a été l'emploi des fonds de l'Association depuis la dernière réunion.

Au 30 juillet 1893, je vous annonçais, en dehors du capital placé, un encaisse de . . . . 2.723 f. 55

    Depuis il a été reçu :

souscriptions perpétuelles à 100 fr. . . . . 700 »

305 souscriptions annuelles à 5 fr. . . . . 1.525 »

D'une bienfaitrice. . . . . 100 »

Produit des rentes sur l'État. 2.547 50

Produit des coupons du Crédit foncier et des obligations de Chemin de fer 318 85

    Soit un total de recettes de. . . . . . 7.914 f. 90

Voici maintenant quelles ont été les dépenses :

Achat de 100 fr. de rente 3 p. 100. . . . . 3.301 f. 90
Pension à un fils et à plusieurs neveux d'Anciens. . 2.500 »
Secours à un ancien professeur. . . . . 200 »
Secours à un fils et petit-fils d'Ancien. . . . . . 125 »
Secours à un Ancien . . . . 40 »
Frais de recouvrement. 59 80

       Soit un total de dépenses de. . . . . 6.226 f. 70

     Les recettes étant de. . . 7.914 f. 90
     Et les dépenses de 6.226 70

     L'encaisse est donc de. . . 1.688 20

Par suite de la conversion du 4 1/2 en 3 1/2, l'Association amicale a vu ses rentes diminuer de 90 fr., qui ont été compensés par l'achat indiqué ci-dessus.

Les revenus actuels de l'Association sont donc de 940 fr. 25, dont 835 fr. rente 3 et 3 1/2 p. 100, et 105 fr. 25 produit des obligations du Crédit foncier et du Chemin de fer.

Il m'a semblé utile de vous résumer en quelques mots ce qu'a fait notre Association depuis son origine, c'est ce que je vais faire le plus brièvement possible.

Depuis sa fondation, l'Association a reçu comme
cotisations . . . . 31.340 f. 07
L'intérêt des sommes versées a produit. 10.678 39

     Soit un total de . . . . 42.019 f. 36

     Elle a dépensé :
En achats de rente. . . . . 29.182 f. 65
En frais d'impression. 385 50
En frais de recouvrement et dépenses diverses. . . 098 36
En secours accordés à des Anciens. . . . . 815 »
En pension à des fils et neveux d'Anciens. 8.949 65
L'encaisse étant de. 1.688 20

     Nous avons un total égal de. . . . . 42.019 f. 36

Ces chiffres sont plus éloquents que tout ce que je pourrais vous dire; j'en appelle donc à votre confraternité pour continuer l'œuvre si bien commencée.

III. — Caisse des bustes de Mgr Fayet et de Mgr Dupanloup

Au 30 juillet 1893, cette Caisse avait un déficit de. .   317 f. 80
Une commande de deux bustes en bronze a été faite à
    M. Thiébault, au prix de.   257   15

        Soit une dépense de. . . . .   574 f. 95
Un de ces bustes a été remboursé au prix de.   140   »

        Il reste donc un déficit pécuniaire de. .   434 f. 95

compensé par la possession d'un buste en bronze, d'un autre en terre cuite, et la propriété artistique des deux bustes de Mgr Fayet et de Mgr Dupanloup.

Après la lecture de ces rapports, Mgr l'Évêque d'Orléans a bien voulu accepter le titre de *Président d'honneur* de l'Association, et l'assemblée a réélu le Bureau et le Comité qui restent ainsi constitués pour une période de trois années :

Membres du Bureau

Président : M. le Dr Arqué ✳.
Vice-Président : M. A. Johanet, avocat.
Secrétaire : M. l'abbé Cochard.
Vice-Secrétaire : M. L. Dumuys.
Trésorier : M. G. Séjourné, libraire-éditeur.
Vice-Trésorier { M. Émile Huet, avocat.
{ M. Paul-Élie Fougeron.

Membres du Comité

MM. le Dr Baille. — G. Hue, avoué honoraire. — J.-B. Fouqueau, pharmacien. — G. Jacob. — Max. de Beaucorps. — P. Renard. — Guérin, pharmacien. — Paul de Champvallins. — G. Bigot. — Ch. de Gastines. — A. Perrault. — H. Desforges. — P. Leturque.

138